Erwin Jürgensen

Der Rote Faden der Mündigkeit

D1719532

Erwin Jürgensen

Der Rote Faden der Mündigkeit

Oder: Ich-Stärke und soziale Identität

PapyRossa Verlag

© 2021 by PapyRossa Verlags GmbH & Co. KG, Köln
Luxemburger Str. 202, D-50937 Köln
Tel.: +49 (0) 221 – 44 85 45
Fax: +49 (0) 221 – 44 43 05
E-Mail: mail@papyrossa.de
Internet: www.papyrossa.de

Umschlag: Verlag, unter Verwendung einer Illustration
von VRD | Adobe Stock [50798436]
Druck: Interpress

Die Deutsche Bibliothek verzeichnet diese Publikation in der
Deutschen Nationalbibliografie; detaillierte bibliografische
Daten sind im Internet über http://dnb.ddb.de abrufbar

ISBN 978-3-89438-758-7

Inhalt

Einleitung

ICH-Stärke ist eine geistige Haltung zur Welt, zu anderen Menschen und zur eigenen Person und wird vom Selbst der Persönlichkeit als Selbstbewusstsein und Selbstwertgefühl erlebt. Als Selbstbewusstsein ist sie kognitiver, als Selbstwertgefühl emotionaler Natur. Selbstbewusstsein ist die Einheit aus Welt- und Selbsterkenntnis, Selbstwertgefühl die innere Sicherheit, in den sozial-emotionalen Beziehungen zu anderen und in sich selbst zu ruhen.

ICH-Stärke als rationale Beziehung nach außen und innen ist vor allen Dingen gekennzeichnet durch die Kategorie Gesellschaftlichkeit. Die Gesellschaft ist keine Sozialgemeinschaft, wie konservative Theorien glauben machen wollen, sondern ein sozio-ökonomisches Verhältnis, das durch Macht und Herrschaft und nicht durch Interaktion geprägt ist. Nicht das Betriebsklima in den Konzernen – wenn auch wichtig – ist das Charakteristikum der Gesellschaft, sondern die Stellung des Menschen im Produktionsprozess. Als Kapitaleigner an den Schalthebeln der Macht oder als Lohnabhängiger an der Transferstraße.

Mit Blick auf den Produktionsprozess ist ICH-Stärke die Fähigkeit, die eigenen objektiven Interessen zu erkennen und diese mit anderen solidarisch wahrzunehmen. Bezogen auf die Interaktion der Menschen ist entscheidend, ob die Kommunikation hierarchisch oder symmetrisch in gleicher Augenhöhe verläuft. Hierarchisch ist eine Kommunikation dann, wenn ein Partner die Normen bestimmt, die anderen oktroyiert werden.

Das demokratische Prinzip erfordert demgegenüber, Gespräche ergebnisoffen unter Bedingungen gleichrangig ausgehandelter Normen zu führen.

Von großer Bedeutung für die Entwicklung der Persönlichkeit ist die Beziehung des Menschen zu sich selbst. Wird dem Einzelnen eine selbstbestimmte Gestaltung der eigenen Arbeits- und Lebenswelt zugestanden, oder bleibt er ein Leben lang fremdbestimmt?

Diese Richtziele müssen –wenn sie praxisrelevant sein sollen – in Form konkreter Verhaltens- und Handlungsanweisungen operationalisiert werden. Als historische Bildung, als kommunikative Fähigkeit und als ICH-Kompetenz zum reflexiven und selbstreflexiven Handeln.

Das ICH ist eingebunden in die Spannung zwischen Innen- und Außenansprüchen. Von innen kommen die Bedürfnisse nach Orientierung, Zugehörigkeit, Anerkennung, Sicherheit und Identifikation, von außen gesellschaftliche Anforderungen sachlicher, sozialer und kommunikativer Art. Erwartungen, Pflichten zu übernehmen und eigene Leistungen in den gesellschaftlichen Prozess einzubringen.

In diesem Spannungsfeld muss es einem Menschen gelingen, immer authentisch derselbe zu sein – persönliche Identität – und zugleich die Normen zu erfüllen, die mit den Rollen in Gesellschaft, Kultur und Arbeitswelt verbunden sind – soziale Identität.

Die vermittelnde Kraft zwischen persönlicher und sozialer Identität ist die ICH-Identität.

Da die Gegenwart durch gesellschaftliche Veränderungen geprägt ist, können Gewohnheiten zum Störfaktor werden. Was gestern richtig war, z. B. das Zahlen mit Bargeld, kann morgen mit der Forderung, per Online-Banking zu zahlen, überholt sein. Deshalb ist nicht das Einüben starrer Denk- und Verhaltensmuster zielführend, sondern die Entwicklung der Fähigkeit, sich ständig umzuorientieren. Lernen, umlernen, neu lernen. Köpfe müssen können, was der Computer ihnen vormacht, sich auf Updates und Upgrades einzustellen. Paradigmatisch ist die Situation an den Theatern. Ein Theaterskandal ist vorprogrammiert, wenn die Bühne im Stil der Neuzeit spielt und sich das Publikum mit den Rezeptionsgewohnheiten von gestern im Theatersessel zurücklehnen möchte. Seltener ereignet sich das Gegenteil, dass die Bühne im Plüsch versinkt und das Publikum die kritische Rezeption von morgen einfordert.

Für eine positive Entwicklung ist es notwendig, nicht die Sterilität des Museums aufkommen zu lassen.

Das gesellschaftliche Leben wird durch Rollen geprägt. Die traditionelle Rollentheorie zwingt das Individuum, die vorgeschriebenen Normen kritiklos zu erfüllen, bei Strafe, Abweichungen als Fehlleistung zu sanktionieren. Demgegenüber lässt die kritische Rollentheorie eine Interpretation der Normen zu – Training, mit Mehrdeutigkeiten umzugehen.

Wenn das Individuum zur ICH-Balance und ICH-Stärke fähig sein soll, muss es sich die Kompetenz aneignen,

- Irrationalismen zu überwinden und eine rationale Haltung zur Welt einzunehmen.
- die gesellschaftliche Wirklichkeit als von Menschen gemacht und von Menschen veränderbar zu verstehen.
- historisches Denken als Erkenntnistheorie zu nutzen.
- Nationalismus, Faschismus und Antisemitismus abzuwehren.
- einen kritischen Umgang mit der Welt der Kultur zu pflegen.
- Normen auf ihre Gültigkeit zu überprüfen und soziale Identitäten kreativ auszugestalten.
- sich von starren Rollenvorschriften zu distanzieren und die Foren der Rollen und der Kommunikation zum Probehandeln zu nutzen.

- Fremdes als Bereicherung anzusehen.
- zur Gestaltung und Veränderung von Gesellschaft, Politik und Kultur beizutragen.
- nach dem Grundsatz des »Glücks der größten Zahl« zu handeln, das der englische Philosoph und Sozialreformer Jeremy Bentham (1748-1832) formuliert hat.

An diesem Katalog lässt sich ablesen, dass ICH-Stärke nicht das Ergebnis einer einmaligen Anstrengung ist, sondern ständig neu erarbeitet werden muss. Als Kern der politisch-historischen und kulturellen Bildung und als Fähigkeit zur Empathie und teilnehmerzentrierten Kommunikation.

Die Auflistung der Richtziele ist der rote Faden des Gedankenganges dieser Abhandlung.

1.
Wie das ICH mit den Uranfängen des Werdens umgeht

1.1 Kritik der Urbilder

Himmel und Verheißung, Hölle und Verdammnis, Opfertod und Erlösung, Vergebung und Gnade. Das sind die Urbilder der Menschheitsgeschichte.

Die vorgeschichtlichen Mythen erzählen, dass am Anfang das Paradies war. Indes war der Mensch den Verlockungen nicht gewachsen, sodass Gebote und Verbote erlassen werden mussten, damit dem alten Adam Orientierung zuteilwürde. Doch Gebote und Verbote sind ein zweischneidiges Schwert. Einerseits schrecken sie durch Strafen von einem Vergehen ab, und andererseits machen sie neugierig. So wie Eva auf die Früchte des verbotenen Baumes der Erkenntnis von Gut und Böse neugierig war. Verbote sind unterschwellig eine Versuchung. Adam schiebt die Schuld des Sündenfalls Eva zu, Eva der Schlange. Der Beginn der ewigen Schuldzuweisungen in der Geschichte der Menschheit. Ein schweres Verhängnis mit einer unendlichen Verkettung von Schuld, Vergeltung und Sühne, die viel Leid mit sich gebracht hat.

Nach der Vertreibung aus dem Paradies erschien das Leben als ein Dasein im »irdischen Jammertal«, sodass als psychisches Trostpflaster das himmlische Paradies der Ewigkeit erfunden werden musste. Diese Verheißung der Glückseligkeit im Jenseits ist jedoch eine Ablenkung von der Notwendigkeit, die

Welt im Hier und Jetzt zu verändern, wie Karl Marx in seiner elften Feuerbachthese gefordert hatte (Fassung 1888): »Die Philosophen haben die Welt nur verschieden interpretiert; es kommt aber darauf an, sie verändern.«

Eva ist die hübsche begehrenswerte Frau und die große Verführerin. Doch leider mit dem Makel, dass sie aus einer Rippe des Mannes und nicht gleichwertig erdgeformt geschaffen wurde. Damit scheidet sie als Vordenkerin des Feminismus aus.

Die ich-starke Frau an Adams Seite – und wie er aus Erde gestaltet – ist Lilith, die den Mut hatte, Gott-Vater zu widersprechen. Sie ist die große Symbolfigur des Feminismus.

Hölle und Verdammnis. Der Mensch bedarf zur Orientierung klarer Gesetze. Wenn sie weltlicher Natur sind, ist ein Verstoß dagegen ein Vergehen, das nach menschlichem Ermessen bestraft wird. Wenn sie jedoch göttlicher Natur sind, erscheint die Verfehlung als Sünde, die mit der Verdammung in die Hölle geahndet wird. Aus der Untat wird ein Sakrileg, das einen Verstoß gegen ein göttliches Recht darstellt und mit der Qual des schlechten Gewissens verbunden ist, die dem Menschen das Rückgrat bricht. Sobald er auf Knien liegt, ist er vollständig der Fremdherrschaft ausgeliefert. ICH-Schwäche als Herrschaftstechnik.

Opfertod und Erlösung. Durch die ganze Menschheitsgeschichte zieht sich der Opferkult. Bittopfer für den günstigen Wind der griechischen Flotte auf dem Wege in den Krieg um Troja. Sodann Sühneopfer, um sich von Schuld zu befreien. Ein pessimistisches Bild der Menschheit, der von vornherein eine Erbsünde als Schuld zugeschrieben wird, deren Ursache wahrscheinlich der Vatermord war. Eine höchst widersprüchliche Verkettung von Schuld und Sühne, einen Mord mit weiteren Todesopfern zu büßen, die Menschenopfer waren.

Dieser Opferkult strahlt bis ins Innere des Christentums aus, dem der Opfertod als Erlösung gilt. Was dem Gläubigen in

der Helligkeit seines Alltags als Mord erschien, wird ihm beim
Eintritt in das Dämmerlicht des Sakralen als Vergebung von
Schuld widergespiegelt. Die geistige Vorstellung liegt im Dunkel der Mythologie und soll wahrscheinlich nicht aufgehellt
werden, um das Sakral-Einmalige und das Einmalig-Sakrale
nicht zu beschädigen. Der Mensch soll glauben.

Keine Werke der Kulturgeschichte leben so vom Erlösungs-
kult wie die Musikdramen Richard Wagners. Ob Tristan oder
Parsifal, die Wunden wollen nicht heilen. Wunden, die immer
im Zusammenhang mit frevelhafter Sexualität geschlagen wurden.

Überall ich-schwache Menschen in der Opferrolle, die ihren
Urgrund in der Erbsünde und in Sakrilegien hat. Einem Vergehen, das den Menschen der Herrschaft der ewigen Schuld-
gefühle ausliefert.

Vergebung und Gnade. Licht in das Dunkel bringt Grete
Minde, die großartige Frauengestalt in der gleichnamigen Novelle von Theodor Fontane. Sie klopft – ihren toten Geliebten
im Arm – an das Tor eines evangelischen Pfarrers, mit der Bit-
te, ihren Liebsten zu begraben. Doch der vermeintlich ehrbare
Gottesdiener sieht sich außerstande, einem sündigen Liebha-
ber die letzte Ruhe in geweihter Erde zu gewähren. Aber Grete
Minde gibt nicht auf und trägt ihre Bitte einem katholischen
Geistlichen vor, der auch nicht umhin kann, von sündiger Lie-
be zu reden, wenn auch diese Predigt nicht sein letztes Wort ist.
Der katholische Pfarrer segnet Grete Minde und bestattet ihren
Liebsten mit Worten des Trostes.

Die letzten Worte der christlichen Nächstenliebe lauten
»Vergebung« und »Gnade«. In Erinnerung bleiben die ICH-
Stärke dieser tapferen Frau und die ICH-Stärke ihres Pfarrers.

Die Überlieferungen entbehren nicht der Ironie, da es dieselbe religiöse Institution ist, die am Ende vergibt, was sie anfangs als vermeintliche Sünde ins Feld geführt hat. Es wäre

menschlicher gewesen, die moralische Diskreditierung der freien Liebe gar nicht erst aufkommen zu lassen.

Wie alle Bereiche des menschlichen Lebens ist auch die Religion dem Grundsatz verpflichtet, dass Freiheit der »Ausgang des Menschen aus seiner selbstverschuldeten Unmündigkeit« ist (Immanuel Kant, 1784).

Erkenntnisse
ICH-Stärke ist die Fähigkeit,
- in Lilith und nicht in Eva die erste Symbolfigur des Feminismus zu erkennen und zu würdigen.
- kritisch zu bewerten, dass die Etikettierung einer Sache oder einer Person als heilig diese unangreifbar machen soll.
- die Herrschaftstechnik abzuwehren, einem Vergehen den Charakter der Sünde mit der Androhung der ewigen Verdammung in die Hölle anzudichten.
- das Postulat des Philosophen Immanuel Kant kritisch zu würdigen, dass Freiheit der »Ausgang des Menschen aus seiner selbstverschuldeten Unmündigkeit« sei (1784).

1.2 Kritik des Irrationalismus

Die Welt der Mythen ist keine dinglich-konkrete Realität, sondern die Überlieferung früher kulturhistorischer Erfahrungen und der zugehörigen Identifikationsmuster.

Lichtgestalten der Antike und Teufel, Siegfried der Drachentöter, die Zwerge und die Riesen. Sie alle sind Kopfgeburten der Menschen der Vorzeit. Die Lichtgestalt als ewiges Vorbild. Der Teufel zur gnadenlosen Abschreckung.

Der Dualismus aus Himmel und Hölle ist eine Erfindung der Herrschenden zur Unterdrückung des Volkes. Hier das

Einreden der Sünde, dort die Flammen des Fegefeuers, die den Menschen gefügig machen. Für eine zweitausendjährige Anerkennung einer Welt, die trotz der darin waltenden Unfreiheit und Unmenschlichkeit als eine von Gott gewollte Ordnung angesehen wurde. Gefügig für Kreuzzüge und »heilige Kriege«. Für Hexen- und Ketzerverbrennungen. Für Eroberungen und Unterwerfungen, um aus Heiden Christen zu machen. Die Religion der Liebe mit dem Schwert in der Hand!

Wenn von Erlösung die Rede ist, unterstellt der Subtext, dass der Mensch der Erlösung bedürftig sei, also in Sünde gelebt haben muss. Nicht weil er dieses oder jenes Böse gedacht oder getan hat, sondern weil es generell zu seinem Wesen gehöre, sündig zu sein. Überall das irdische Jammertal, nirgendwo Freude. Freude erst am Ende der Tage, wenn es zu spät ist. Warum dem Menschen einreden, dass im Hier und Jetzt jede Anstrengung zum Besseren vergeblich sei. Warum nicht auf den großen Philosophen Immanuel Kant hören, der von der Aufklärung als Weg in die Freiheit gesprochen hat. In einer Welt aus Sünde und Höllenfeuer wird die ICH-Stärke erschlagen, noch bevor sie ein zartes Pflänzchen getrieben hat.

Siegfried im Kampf für Freiheit und Recht. Immer mit Anstand und Redlichkeit ohne Demütigung der Schwächeren und stets im Einklang mit dem Ehrenkodex, niemals nachzutreten, wenn der Besiegte am Boden liegt. Doch die Mythologie ist keine Schönwetterphilosophie. Denn Siegfried wird hinterrücks ermordet.

Wenn die Psyche des Menschen widersprüchlich ist, sind es seine Imaginationen auch, die nach außen projizierte innere Bilder sind. Wenn der Zwerg in den Spiegel schaut, trifft das Real-ICH auf sein Größen-ICH, das ihm eine stattliche Erscheinung vorgaukelt. Eine Imagination, wie er gern sein möchte. Künstler, Dichter, Sänger. Handelt es sich um projizierte Idealbilder, könnte von diesen ein positiver Impuls ausgehen, höhere Ziele anzustreben als bisher. Wenn die Projektion jedoch zu der Vorspiegelung einer ewigen Glückseligkeit am Ende der Tage verkommt, verwandelt sie sich in eine Abfindungsstrategie. Ablenkung für Menschen, die sich mit den Sehnsuchtsbildern zur Kompensation der Realität vertrösten, ohne sie zu verändern.

Das Größen-ICH kann aber auch überfordern und dann im Scheitern an der Wirklichkeit zu Depressionen führen. Deshalb wäre es gut, wenn das antizipierte Ideal den Keim der Umsetzbarkeit in sich trüge.

Das Gegenbild zu den Zwergen sind die Riesen. Ein Riese kann im Zauberspiegel seinem Real-ICH begegnen – als Mahnung, das Übersteigerte und Überhöhte auf die Ebene der Realität zurückzuholen. Das Realitätsprinzip kann einen Menschen vor Selbstbetrug bewahren, der – wenn die Lebenslüge von anderen durchschaut wird – dazu führen kann, dass die Mitmenschen anfangen, ihn zu meiden. Der Weg in die Einsamkeit.

Die ICH-Stärke ist die Kraft des Einzelnen, sich mit der Wirklichkeit auseinanderzusetzen, sie kritisch zu bewerten und handlungsfähig zu werden und zu bleiben.

Hybris und Verblendung werden auf den Bühnen dargestellt. Macbeth kommt in seinem Größenwahn um, und Don Giovanni versinkt im Feuer der Hölle.

In den Mythen kommt oft der reitende Bote, um den Knoten der Konflikte durchzuschlagen. Für das ICH keine gute Erfahrung, da sie dazu verleiten könnte, in Lethargie zu verfallen und abzuwarten, bis die ersehnte Lösung vom Himmel fällt. Das ICH soll jedoch ein selbstbewusst handelndes ICH sein, das in Selbstverantwortung seine eigenen Wege geht. Deus ex machina ist kontraproduktiv.

Erkenntnisse

ICH-Stärke ist die Fähigkeit,

- in den mythischen Vorstellungen von guten und bösen Geistern den Sinn zu erkennen, dem Menschen Orientierung für die eigene Existenz zu vermitteln.
- sich nicht auf ideologische Ablenkungsstrategien einzulassen.
- Selbstbetrug zu vermeiden und die eigenen Ziele und Handlungen am Realitätsprinzip auszurichten,

1.3 Kritisches Lesen der Bibel

Weder die Welten des Himmels noch die Welten der Hölle haben sich selbst erschaffen. Sie sind Kopfgeburten des Menschen und stehen ihm nun als Orte der Verheißung oder als Orte ewiger Verdammnis gegenüber. Da es sich um Imaginationen des menschlichen Geistes handelt, und der Mensch Herr dieses Geistes hätte sein können, wären ihm auch andere Vorstellungen möglich gewesen.

Wenn einer Gegebenheit das Geworden-sein verloren geht, spricht Adorno von Verdinglichung. Die Vorstellungen »Paradies« und »Hölle« sind Kopfgeburten des Menschen, die sich verselbstständigen und dem menschlichen Geist als objektives Sein widergespiegelt werden können. Verdinglichungen – das Paradies als quasi-realer Ort der Verheißung und die Hölle als quasi-realer Ort der ewigen Verdammung. Obwohl fiktional, können Vorstellungen durchaus eine reale Wirkung entfalten. Durch die Jahrhunderte gingen von der Verdinglichung einer Jahrhundertflut oder einer Seuche als Strafe Gottes Angst und Schrecken aus.

Zu den Verdinglichungen im Alltag gehören eingefrorene Moralvorstellungen, die von dem Zeitgenossen als Naturgesetz angesehen werden, obwohl sie Menschenwerk sind und verändert werden können, wenn nicht gar verändert werden müssen. Jahr für Jahr strömt das aufgeklärte Publikum ins Theater, um sich zum wiederholten Male die Gretchentragödie anzusehen. Immer in dem Glauben, dass Gretchens Schicksal unabänderlich gewesen sei. Doch warum ihre Liebe mit Sünde belegen? Gretchen hätte leben und das Theaterpublikum Freude an ihr und ihrem Kinde haben können, wenn wir den nicht existierenden Teufel aus dem Spiel gelassen hätten. Der Satan steckt in den Köpfen, und falsche Moralvorstellungen können tödlich sein.

Jede kritische Textanalyse verfolgt das Ziel, die Gültigkeit der Aussage zu untersuchen, die nicht ein für allemal unumstößlich feststeht, sondern der Auslegung bedarf. Doch die Praxis der Predigten vermittelt einen diametral anderen Eindruck. Da die Abhandlungen aus der Bibel stammen, wird deren Gültigkeit als selbstverständlich unterstellt, sodass Texte tradiert werden, die dem Geist der Aufklärung zutiefst widersprechen.

Die Geschichte kennt drei monotheistische Religionen, das Judentum. das Christentum und den Islam. Es gibt nur einen Gott, der der richtige ist, Jehova. Sagen die Juden. Es gibt nur einen Gott, der der richtige ist, Gott Vater. Sagen die Christen. Es gibt nur einen Gott, der der richtige ist, Allah. Sagen die Muslime.

Beispiel: Das erste Gebot – zwischen den Zeilen gelesen

Im ersten Gebot wird die Lehre von dem einen wahren Gott festgeschrieben. »Ich bin der Herr, dein Gott. Du sollst keine anderen Götter haben neben mir.« (2. Mose 20, 2-3)

***

Der Text der Gebote ist im Alten Testament überliefert, das nach dem aktuellen Stand der Wissenschaft wahrscheinlich 2400 Jahre alt ist. Ein Alter, das es berechtigt erscheinen lässt, nach der Gültigkeit des Gebotes für die Gegenwart zu fragen, in der viele Religionsgemeinschaften zusammenleben, die alle von der alleinigen Wahrheit ihres Glaubens überzeugt sind. Überprüfung tut not. Denn der Subtext des ersten Gebotes ist mehr als problematisch. Besagt er doch, dass einer von zwei Menschen verschiedenen Glaubens im Irrtum leben muss, wenn beide der Gewissheit sind, Anhänger des rechten Gottes zu sein. Denn so der eine Gott der wahre ist, muss der andere der falsche sein. Diese Gegensätzlichkeit hat Hass, Verfolgung und Krieg über die Menschheit gebracht. Expansionskriege, Kreuzzüge und Ketzerverbrennungen.

Verantwortungsvoll muss die oberste Maxime lauten, dass ein jeder – wenn der Geist der Aufklärung waltet – den Glauben des anderen tolerieren und dessen Wahrheit neben der eigenen für möglich halten soll.

Schwer erträglich ist heute auch die Anrede »Du sollst«, die ein autoritäres Diktum ist und alle Gebote kennzeichnet, die im Alten Testament der Bibel überliefert sind. Nirgendwo ein Hinweis darauf, dass die Gesetzgeber die so angesprochenen Menschen in die Entscheidungen einbezogen hätten. Es handelte sich um Anordnungen, die bei Strafe Gottes befolgt werden mussten. Abschreckung auf der ganzen Linie.

Nicht blind-gläubige Übernahme, sondern kritisches Lesen – diese Forderung muss auch für den Brief des Paulus an die Römer gelten, in dem der »Untertan« auf die Obrigkeit eingeschworen, diese als von Gott eingesetzte Herrschaft deklariert und jeder Widerstand als Sünde gegeißelt wird.

Es ist kaum zu verstehen, dass religiöse Lehren an einem Text festhalten, der offensichtlich gegen die freiheitlichen Grundordnung einer Demokratie verstößt.

Beispiel: Paulus – Römer 13, 1-7

1. Jedermann sei Untertan der Obrigkeit, die Gewalt über ihn hat. Denn es ist keine Obrigkeit außer von Gott; wo aber Obrigkeit ist, die ist von Gott angeordnet.

2. Wer sich nun der Obrigkeit widersetzt, der widerstrebt der Anordnung Gottes …«

* * *

Untertan, Gewalt, Anordnung – diese zentralen Begriffe, die die Sprache des Römerbriefes kennzeichnen, tragen diktatorische Züge und sind in einem demokratischen Diskurs nicht zulässig. Paulus maßt sich an, den Menschen das Wort Gottes zu vermitteln, und tut doch unverkennbar seine eigene Meinung kund.

Der Brief des Paulus an die Römer ist ein Text, der von einem Menschen geschrieben wurde und sich der Herrschaftstechnik bedient, seine autoritäre Weltsicht für sakrosankt zu halten. Er redet den Menschen ein, dass ihr Widerstreben gegen die Anordnungen der Obrigkeit nicht ein Verstoß gegen Menschen-Wort, sondern ein Verstoß gegen Gottes-Wort wäre und nach diesem Verständnis eine Sünde.

Paulus irrt. Denn die These, dass der Mensch sich jeder Obrigkeit untertänig zu machen habe, da sie von Gott sei, ist eine politische Falschaussage. Der Versuch, die Kritik an der Obrigkeit als Sakrileg, also als Verletzung einer heiligen Ordnung, auszulegen, verrät die Absicht, die Herrschaft im schlechten Gewissen der Menschen zu verankern und sie dort unangreifbar zu machen.

Paulus irrt, und als sich Luther 1524 im Abwehrkampf gegen die Revolte der Bauern im Ringen um Freiheit auf diesen Text berief, irrte auch er. Die Nachwelt hat allen Grund, solche Falschaussagen entschieden zurückzuweisen, statt sich auf die Autorität höherer Ordnung zu berufen. Wer heute dennoch diesen Text verteidigt, muss sich bewusst sein, dass er gegen alle demokratischen Werte der Neuzeit verstößt.

Regierungen von Gottes Gnaden gibt es nicht, und Vorstellungen solcher Art sind spätestens seit dem Ende des Feudalismus obsolet.

Erkenntnisse

ICH-Stärke ist die Fähigkeit,

- in jeder Religion jede andere zu tolerieren.
- Verdinglichungen zu durchschauen, die Kopfgeburten des Menschen als quasi-natürliche Gegebenheiten erscheinen lassen.
- an dem Recht festzuhalten, das scheinbar Natürliche als Gewordenes zu definieren, das verändert werden darf.
- der Anmaßung einer jeden Obrigkeit, sich auf göttliche Instanzen zu berufen, entgegenzutreten.
- jeden Versuch abzulehnen, die Obrigkeit der Kritik zu entziehen.
- als einzige Legitimation der Obrigkeit das Prinzip der freien demokratischen Wahl anzuerkennen.

2.
Wie das ICH mit der
Welt der Geschichte umgeht

2.1 Der rote Faden der Geschichte

Ideengeschichte, Ereignisgeschichte, Strukturgeschichte und Geschichte im Sinne dialektischer Wissenschaft.

Welcher Ansatz bildet die Wirklichkeit am besten ab? Mancher Idealist mag glauben, dass eine gute Idee die Realität verbessern könne. Doch alle guten Ideen der Menschheitsgeschichte haben es nicht vermocht, diese erwartete Humanisierung einzulösen. Sie haben keine Not gelindert, keinen Hass beseitigt und keinen Krieg verhindert. Das christliche Menschenbild, ein strahlender Stern am Himmel der Nächstenliebe, ist immer Idee geblieben und nicht zur Wirklichkeit gekommen.

Die Geschichtswissenschaft weiß, dass es eine Entwicklungslogik gibt, die über das einzelne Ereignis hinausweist. Entwicklungslogik in dem Sinne, dass im Schoße einer früheren Geschichtsformation der Keim für eine nachfolgende angelegt ist, ohne dass die Menschheit wissen kann, welche konkrete Ausformung diese haben wird. Es gibt keinen Determinismus, von dem Georg Büchner einst in seiner Fatalismusthese behauptet hat, dass wir nur »Schaum auf der Welle« (Georg Büchner, Brief an die Braut, Gießen 1834) und dem Wellenschlag des Meeres ausgeliefert seien.

Aus keinem früheren Ereignis kann das nachfolgende abgeleitet, wohl aber umgekehrt das spätere, wenn es eingetreten ist, auf Bedingungen des vorigen zurückgeführt werden. Karl Marx wusste, dass im Affen kein zwangsläufiges biologisches Muster des Menschen angelegt war, doch dass die Wissenschaft rückblickend nach dem Eintritt des Menschen in die Geschichte sagen konnte, welche Existenzbedingungen des Affen seine Geburtshelfer waren.

Tab. 1: Der rote Faden der Geschichte

——>				
1. Arbeitsteilung: Landwirtschaft Handwerk	—>	2. Verbesserung von Anbaumethoden Arbeitsgeräten	—>	3. Steigerung des Mehrprodukts Zunehmende Spezialisierung
				<——
6. Bauernteil der Ware-Geld- Beziehung Einfacher Markt Geldrente	<—	5. Ware-Geld- Beziehung: Grundherr – Fernhändler Bildung von Handelskapital	<—	4. Kampf ums Mehrprodukt Von der Arbeits- und Produkt- rente zur Geldrente
——>				
7. Ausweitung der Produktion: Verlag Manufaktur Übersee-Märkte Kolonialisierung	—>	8. Arbeit als Lohn- arbeit Vom Handels- zum Produktivkapital Konzentration Zentralisation Kolonialsystem	—>	9. Trennung von Kapital + Arbeit Produktions- prozess: Einheit von Arbeits- und Verwertungs- prozess

Das Historisch-Logische ist das »Entwicklungsgesetz der menschlichen Geschichte«, wie Friedrich Engels (1820-1895) in seiner Grabrede über Marx gesagt hat. Der rote Faden der Geschichte, an dem entlang deutlich wird, wie sich vom Handwerk zur Fabrik die wirtschaftlichen Systeme entwickelt haben. Die einfache Warenproduktion, das Verlagssystem, die Manufaktur und das Fabriksystem.

An dieser Entwicklungslinie kann aufgezeigt werden, wie der Produzent, d. h. der Handwerker, das Eigentumsrecht am Produktionsmittel, Produktionsprozess und Produkt verlor, das er in der in der einfachen Warenproduktion noch besaß.

Der Handwerker orientierte sich an Gebrauchswerten, die den Bedarf am Markt deckten, und handelte nach der Formel »verkaufen, um zu kaufen«. Verkauf seiner eigenen Erzeugnisse, um sich von den Geldeinnahmen die Erzeugnisse anderer kaufen zu können, die er selbst nicht herstellte. W – G – W = Ware – Geld – Ware.

Schon im Verlagssystem kommt es zur Trennung des Produzenten von seinem Produkt, das der Verleger vermarktet, nachdem er dem Handwerker die Rohstoffe vorgeschossen hatte. Der neue Vertragspartner am Markt, der Verleger, richtete sein Interesse nunmehr auf die Tauschwerte der Waren, bei deren Einlösung er Geldkapital anhäufte. Geld, das in der Phase der Manufaktur als Produktivkapital in Form von Produktionsmitteln angelegt werden konnte und den Manufakturbesitzer zu deren Eigentümer machte. Der Handwerker arbeitete seitdem an Werkzeugen, die ihm nicht mehr gehörten. Trennung des Produzenten von seinem Produktionsmittel, die bewirkt, dass der Handwerker zum Lohnarbeiter wird. Die Arbeit selbst ist von den technischen Abläufen her nach wie vor Handarbeit. Das ändert sich erst nach der Erfindung und dem Einsatz von Maschinen – Spinn-, Web- und Antriebstechnik – in der Industriellen Revolution.

In der kapitalistischen Produktion erwirbt der Kapitaleigner mittels des Produktivkapitals Produktionsmittel (Pm) und Arbeitskräfte (Ak), die zur »Verwertung des Werts«, d.h. zur Mehrwertproduktion (G') eingesetzt werden. G – W < Pm/Ak – G'. Die Quelle des Mehrwerts ist die Arbeitskraft. Karl Marx weist darauf hin, dass der arbeitende Mensch nun in einem doppelten Sinne »freier« Lohnarbeiter ist. Persönlich und rechtlich frei und frei vom Eigentum an Produktionsmitteln und Waren.

Erkenntnisse
ICH-Stärke ist die Fähigkeit,
- in der Abfolge der Gesellschaftsformationen den roten Faden der Geschichte wahrzunehmen.
- den mittelalterlichen Markt als Ort der einfachen Ware-Geld-Beziehung mit dem Ziel der Bedarfsdeckung zu verstehen.
- in der Manufaktur die polit-ökonomische Entwicklungsstufe zu erkennen, in der der Handwerker sein Eigentum am Produktionsmittel verliert und so zum Lohnarbeiter wird.
- das Wesen der Lohnarbeit an dem Merkmal zu erfassen, dass der Lohnarbeiter nicht den Gegenwert der von ihm hergestellten Waren erhält, sondern den Wert der Ware Arbeitskraft, der in Zeiteinheiten bestimmt wird.
- die kapitalistische Wirtschaft als Erwerbswirtschaft mit dem Ziel der Gewinnmaximierung zu analysieren und zu bewerten,

2.2 Die Wiege der bürgerlichen Gesellschaft

Die Geschichte kennt Individualitätsformen, die von den Menschen ohne Wissen des historischen Werdegangs als selbstverständlich angesehen und hingenommen werden.

Der Bürger, die Bürgerin. Die meisten Menschen glauben zu verstehen, wie das Gegebene aus seinen Urformen heraus entstanden ist, ohne die geschichtlichen Hintergründe aufzuklären.

Die etymologische Ableitung des Begriffs »Bürger« führt in die Irre. Denn der Bürger ist der Wortbedeutung nach der Bewohner einer Burg, die nachgerade nicht das Symbol der bürgerlichen Gesellschaft, sondern des Feudalismus ist.

In der Zeit der Entstehung der Märkte und der Städte im Mittelalter schlägt die Geburtsstunde des Bürgers. Er erscheint auf der Bühne der Geschichte in zwei Individualitätsformen, in Gestalt des Handwerkers und in Gestalt des Kaufmannes.

Wenn ein Individuum die Zuschreibung als Bürger erfährt, handelt es sich nicht um eine zufällige Etikettierung, sondern um die Beschreibung einer realen polit-ökonomischen Lage.

Beispiel: Vertragspartner auf dem Markt

Es besteht ein wechselseitiger Zusammenhang zwischen der Verbesserung der Arbeitsmittel (Wendepflug, Kummet, Sense, Dreschflegel) und den Anbaumethoden einerseits und der Erwirtschaftung eines steigenden Mehrprodukts und der sich entwickelnden Arbeitsteilung Landwirtschaft – Handwerk andererseits.

Kraft der Herrengewalt am Boden eignen sich die Grundherren das landwirtschaftliche und handwerkliche Mehrprodukt an, zunächst in der Form der Arbeitsrente, sodann als Produktenrente und schließlich als Geldrente. Aufgrund des frei verfügbaren Mehrprodukts in den Händen der Grundherren werden sie zu Tauschpartnern der Kaufleute im Fernhandel, die Luxusgüter anbieten.

Im Fernhandel bildet sich eine Ware-Geld-Beziehung mit dem ökonomischen Ziel der Kaufleute heraus, Handelskapital zu bilden, das dem Prinzip entspringt, teurer zu verkaufen als einzukaufen. Die steigenden Bedürfnisse der Grundherren wirken sich als ökonomisch-technischer Druck auf die Bauern aus, quantitativ und qualitativ verbesserte Produkte zu erzeugen, während die Grundherren ein verstärktes Interesse an der Geldrente entwickeln.

Die feudalabhängigen Bauern erwirtschaften ein frei verfügbares Mehrprodukt, sodass sich die Ware-Geld-Beziehung auf dem einfachen Markt entwickelt, die in den zunftmäßigen Grenzen an dem Ziel der Bedarfsdeckung orientiert bleibt.

Die Bauern erlangen die Möglichkeit, ihre Abgaben als Geldrente zu leisten. Die Handwerker, die zunächst in das Feudalsystem der Fronhöfe eingebunden waren. siedeln sich in der Stadt an. Sie sind die Kleinbürger, während die Kaufleute sich als Großbürger etablieren. Die Stadt ist der Ort des einfachen Marktes und des Fernhandels und damit die Keimzelle der Entstehung des Bürgertums.

* * *

An den elementaren Formen der Produktion ist klarer als an den komplexeren abzulesen, dass es Sinn und Zweck der Arbeit ist, mittels der Umformung der Natur die Produkte zu schaffen, die der Befriedigung menschlicher Bedürfnisse dienen. In manchen Köpfen hat sich die Vorstellung festgesetzt, dass die Ausrichtung der Warenproduktion durch alle gesellschaftlichen Formationen hindurch die gleiche geblieben sei. Produktion gleich Bedürfnisbefriedigung. Die Wahrheit ist, dass sich die Formbestimmtheit der Arbeit stufig verändert hat: Die ursprüngliche Arbeit zielt auf Bedürfnisbefriedigung, die einfache Warenproduktion für den lokalen Markt auf Bedarfsdeckung ab, während sich Verlag und Manufaktur in der erweiterten Warenproduktion an der Gewinnbildung orientieren. Bis schließlich die ökonomische Phase erreicht ist, in der die Produktion als Verwertungsprozess den Profit zum Ziel hat.

Eine fundamentale Frage der historischen Bildung: Produktion als Bedürfnisbefriedigung oder Produktion als Gewinnbildung – das ist eine Schlüsselfrage mit einem Bewertungsmaßstab für das gesamte Marktgeschehen. Die Inhalte, die der Mensch sich aneignen muss, sind Objekte der Natur und der kulturhistorischen Entwicklung der Menschheit.

Jede Maschine hat einen Doppelcharakter. Sie stellt einerseits eine Produktivkraft zur Verwertung von Kapital und andererseits ein technisches Funktionssystem dar.

Die Arbeit hat den Charakter der Lohnarbeit, demzufolge der arbeitende Mensch nicht den Gegenwert der von ihm hergestellten Produkte erhält, sondern den Wert der verausgabten Arbeit in der Zeit.

Erkenntnisse
ICH-Stärke ist die Fähigkeit,
- den Ursprung der bürgerlichen Gesellschaft in der mittelalterlichen Stadt zu verorten.
- das Wesen der bürgerlichen Gesellschaft als warenproduzierende Gesellschaft zu bestimmen.
- aus der historisch-logischen Entwicklung der Geschichte abzuleiten, dass die Handwerker die Kleinbürger und die Kaufleute – später zusammen mit Verlegern, Manufaktur- und Fabrikbesitzern – die Großbürger stellen.
- die bürgerlichen Verhältnisse als verfassungs- und vertragsrechtliche Beziehungen zu würdigen.

2.3 Die historische Wissenschaft als Erkenntnistheorie

Die dialektische Wissenschaft hat einen doppelten Erkenntniswert. Sie ist einerseits historische Wissenschaft mit Daten und Fakten zur Erkenntnis des Weltgeschehens und andererseits Erkenntnistheorie. Als Erkenntnistheorie hat sie darauf aufmerksam gemacht, dass die Beschreibung eines Ereignisses nicht dessen Erklärung ist, sondern Erscheinungen auf ihr Wesen zurückgeführt werden müssen. Auf polit-ökonomische Ursprungssituationen, sozio-kulturelle Entstehungsprozesse und gesellschaftliche Verwendungszusammenhänge.

Tab. 2: Das ICH in dialektischer und positivistischer Wissenschaft

Dimension	Das ICH in dialektischer Wissenschaft	Das ICH in positivistischer Wissenschaft
Kenntnisse	Objekte als Widerspiegelung gesellschaftlicher Verhältnisse: Eine Burg als Vergegenständlichung von Herrschaft	Objekte auf der Erscheinungsebene als Ding an sich: Eine Burg aus dem 13. Jahrhundert
Erkenntnisse	Objekte im gesellschaftlichen Zusammenhang: Eine Burg als Stützpunkt in der Ostkolonisation (bis 1300)	Objekte als Sachzusammenhang bei Ausblendung der zugrundeliegenden Interessen: Verdinglichte Betrachtung
Fähigkeit zum Transfer	Widerspiegelung der Herrschaft des Absolutismus in Baustilen, Militäranlagen und Parks: Schlösser als Stein gewordene Herrschaft	Barock als Stilepoche Personalisierte Geschichte Der König als Landesvater
Aneignung von Überzeugungen	Geschichte als Abfolge von Herrschaftssystemen Keine Identifikation mit Herrschern	Identifikation mit Glanz und Größe des Vaterlandes als Selbsterhöhung im Größen-ICH
Eintreten für Überzeugungen	Ein Weltreich als System der Unterdrückung von Kolonialvölkern Aktuelle Königreiche als verspätete Staatsform	Ein Weltreich als Stolz der eigenen Nation Identifikation mit »Royals« der Gegenwart

Das Wesen der Erscheinungen ist – nach Karl Marx – in seiner Wirklichkeit das »Ensemble der gesellschaftlichen Verhältnisse«, nicht der Ausdruck der Psychologie des Menschen oder seiner zwischenmenschlichen Beziehungen. Es gehört zur Verblendung vieler Menschen zu glauben, dass die Verhältnisse so sind, wie sie sind, weil die Menschen so sind, wie sie sind.

Das historisch-kritische Denken befähigt den Menschen zur reflexiven Analyse, die darauf abzielen muss, nicht nur die historischen Tatsachen zu benennen, sondern auch die erkenntnistheoretische Position, von der aus berichtet oder geurteilt wird.

Aus völkerrechtlicher Sicht waren die Kreuzzüge keine Befreiungskriege, sondern eine Invasion. Aus demokratischer Sicht ist die britische Regierung nicht »my government«, wie die Queen sagt, sondern die gewählte Regierung des Volkes.

Aus der Sicht der Menschenrechte war der Erstickungstod des Afroamerikaners George Floyd, den ein weißer Polizist am 25. Mai 2020 in Minneapolis im US-Bundesstaat Minnesota verursacht hat, ein rassistischer Mord.

Der politisch-historische Unterricht der Schule muss so ausgerichtet sein, dass die Schüler*innen nicht nur ereignisgeschichtliche Fakten lernen, sondern die Kompetenz erwerben, wissenschaftlich wertorientiert zu urteilen.

Erkenntnisse
ICH-Stärke ist die Fähigkeit,
- die gesellschaftlichen Entstehungs- und Verwendungszusammenhänge der Objekte zu verstehen.
- Geschichte als Abfolge von Herrschaftssystemen zu deuten.
- die dialektische Wissenschaft als Geschichtswissenschaft und als Erkenntnistheorie aufzufassen.
- historische Urteile am Völkerrecht, den Menschenrechten, der Demokratie und dem Humanismus auszurichten.

3.
Wie das ICH mit der
Welt der Politik umgeht

3.1 Kritik des Nationalismus

Im 19. Jahrhundert gibt es im zersplitterten Deutschland mit seinen 22 Fürstentümern und 3 reichsfreien Städten drei politische Kraftzentren, das Junkertum, das Großbürgertum und die Arbeiterbewegung.

Bürger und Arbeiter hatten für das doppelte Ziel von Einheit und Demokratie gekämpft und waren gescheitert, sodass schließlich die Einheit Deutschlands in der Form eines Obrigkeitsstaates vollzogen wurde.

Beispiel: Die Keimzelle des Nationalismus

Am 18. Januar 1871 wird im Spiegelsaal des Schlosses zu Versailles das Deutsche Reich gegründet, mit dem preußischen König Wilhelm I. als Kaiser an der Spitze. Es ist eine Reichsgründung von oben, die auf der Grundlage des Bündnisses zwischen dem reaktionären Junkertum und der Bourgeoisie zustande kommt.

Die Großgrundbesitzer knüpfen große Erwartungen an das neue Reich, das ihren Interessen, die führenden Stellungen in Militär und Verwaltung zu behalten, nachkommen soll. Diese Vormachtstellung sehen sie durch das kapitalstarke Bürgertum bedroht, wenn sie auch die Arbeiterbewegung für den Hauptgegner halten. Sie verfolgen eine hohe Preispolitik für ihr Getreide und drücken dadurch die Lebensbedingungen der arbeitenden Bevölkerung. Das Großbürgertum der Stahlindustrie, der Werften und der Bergwerke begrüßt den größeren einheitlichen Markt mit der Vereinheitlichung der Währung, Maße und Gewichte und erhofft sich staatliche Rüstungsaufträge und die Unterstützung bei Auslandsaufträgen. Das Deutsche Reich würde in der Lage sein, neue Absatzmärkte und Rohstoffquellen zu finden und militärisch zu sichern.

Die Industrie- und Landarbeiter erhalten das allgemeine, gleiche und direkte Wahlrecht, bleiben jedoch wirtschaftlich unterdrückt und werden als »vaterlandlose Gesellen« verachtet. Ihre Sorge gilt dem täglichen Brot ohne Hoffnung, dass sich ihre Arbeitsbedingungen und Wohnverhältnisse durch das Kaiserreich verbessern würden. Ihre Arbeiterführer sehen in der Reichsgründung allerdings die Chance, die Arbeiterbewegung zu größeren einheitlichen und geschlossenen Organisationen zusammenzufassen und im Kampf um die Verbesserung der sozialen Lage zu stärken.

Die Geschichtsbücher der Schulen veranschaulichen die Reichsgründung mit Hilfe des berühmten Gemäldes »Die Proklamierung des Deutschen Kaiserreiches«, das der Maler Anton von Werner (1843-1915) als Auftragswerk geschaffen hat. Vor den Kriegsfahnen der Regimenter und der deutschen Fürsten hat erhöht der preußische König Wilhelm I. Aufstellung genommen, um sich von dem Großherzog von Baden zum deutschen Kaiser ausrufen zu lassen. Wilhelm, der 1849 die Revolution und damit die demokratische Einigung Deutschlands blutig niedergeworfen hatte, war das personifizierte Symbol gegen Freiheit und Demokratie.

Unten im Saal hatten sich rund um den wenig später zum Reichskanzler ernannten Fürst Otto von Bismarck Generale und hohe Beamte versammelt und stimmten in die Hochrufe auf den neuen Kaiser ein.

Indem die Geschichtsbücher mit dem historischen Gemälde als Quelle verdeutlichen, dass Bürger und Arbeiter von der Kaiserproklamation ausgeschlossen waren und die Reichsgründung von einem reaktionären Geist geprägt war, werden sie dem demokratischen Anspruch der politisch-historischen Bildung in erfreulicher Klarheit gerecht. Umso überraschender ist es, dass sie eine zweite Wahrheit nicht ansprechen, die Wahrheit nämlich, dass mit der Wahl des Ortes der Kaiserproklamation, des Schlosses von Versailles, nach der demütigenden Niederlage im Deutsch-Französischen Krieg eine weitere schwere Kränkung des französischen Volkes verbunden war. Eine deutsche Reichsgründung im Zentrum des Stolzes und der Ehre Frankreichs! Es hat einmal zum Ehrenkodex der Sieger – ob im Kleinen auf den Schulhöfen oder im Großen der Weltpolitik – gehört, nicht nachzutreten, wenn der Besiegte am Boden lag. Im Versailles des Jahres 1871 wurde nachgetreten.

* * *

Die Geschichte des Nationalismus repräsentiert Haltungen, die sich mit falschen Identifikationen und Allmachtsfantasien und mit der Ideologie der Herrenmenschen verhängnisvoll für die Menschheit ausgewirkt haben. Diese Lehre aus der Vergangenheit kann verallgemeinert und auf viele Beispiele der Weltgeschichte übertragen werden. Schlüsselqualifikation mit Transfer für Gegenwart und Zukunft.

Wenn in der Gegenwart erneut nationalistische Tendenzen mit Vorstellungen wie »Deutschland sei der Zahlmeister Europas« oder »Deutschland müsse seine völkische und nationale Identität bewahren« aufkommen, dann sollten die kollektiven Erfahrungen eine Mahnung sein, das Unheil nicht zu wiederholen.

Es bleibt dabei: Verfassungspatriotismus (Jürgen Habermas) – nicht Nationalismus – ist die Haltung für Freiheit und Fortschritt.

Erkenntnisse

ICH-Stärke ist die Fähigkeit,

- Krieg und Zerstörung auf den Nationalismus, die falsche Identifikation mit Kaiser und Reich, Größenwahn, Allmachtsfantasien und den Militarismus zurückzuführen.
- in der Ideologie des Herrenmenschen, der völkischen Identität und der Abwertung anderer die Ursache für Hass, Ausgrenzung, Gewalt und Unfrieden zu erkennen.

3.2 Kritik des Faschismus

Gedenkstätten in Dachau, Buchenwald und Bergen-Belsen und das zentrale Holocaust-Mahnmal in Berlin belegen eindrucksvoll die mehrheitliche Abkehr vom Verbrecherregime des Nationalsozialismus, die nicht zuletzt durch überzeugende Gedenkveranstaltungen zum Tag der Befreiung des KZs Auschwitz am 27. Januar 1945 und zum Tag der Befreiung Deutschlands vom Faschismus am 8. Mai 1945 unterstrichen wird. Dennoch bedurfte es noch im Jahre 1985 einer großen Rede des damaligen Bundespräsidenten Richard von Weizsäcker, den 8. Mai 1945 nicht als historisches Datum der Niederlage im Zweiten Weltkrieg, sondern als Tag der Befreiung anzusehen.

Inzwischen hat sich eine Denkhaltung herauskristallisiert, die als Entlastungsmechanismus dienen soll und als solcher auch Wirkung zeigt. Bewusstseinsspaltung. Die schweren Verbrechen werden den Nazi-Größen zugeschrieben. Den Hitlers, den Goebbels und den Himmlers. Verbrechen, mit denen die Mehrheit der Gesellschaft nichts zu tun gehabt und von denen

Tab. 3: Der Irrglaube vom »guten Faschismus«

Ideologische Vorstellung: Noch immer hält sich der Mythos, …	Historische Wahrheit
… die Anfangsphase des Nationalsozialismus habe Ruhe und Ordnung im Reich wieder hergestellt und sei frei von Verbrechen gewesen.	Die Anfangsphase der NS-Zeit führte zur Abschaffung der Demokratie: - Ermächtigungsgesetz: Hitler erhält die gesetzgebende und ausführende Gewalt, auch gegen die Verfassung. - Ausschaltung von Parteien und Gewerkschaften - Streikverbot - Schutzhaft zur Einweisung von Regimegegnern in KZs ohne Urteilsspruch. - Hitler vereinigt die Ämter des Reichspräsidenten und des Reichskanzlers 1934 in einer Hand.
… Hitler habe die Wirtschaft angekurbelt und die Arbeitslosigkeit beseitigt.	Die NS-Wirtschaftspolitik diente von Anfang an der Aufrüstung und der Vorbereitung des Krieges.
… die Frauen hätten in ihrer Rolle als Ehefrau, Mutter und Hausfrau zum ersten Mal die ihnen zustehende Anerkennung erfahren.	Die Ideologie, dass es das Wesen der Frau sei, sich zuvörderst um Familie, Kinder und Haushalt zu kümmern, hat die Emanzipation der Frauen zurückgeworfen.
… das Dritte Reich habe eine sozial-fortschrittliche Familienpolitik betrieben.	Die NS-Familienpolitik wollte v. a. die Vielkinder- und »erbtüchtige« Familie fördern. 4,7 Mio. Mutterkreuze wurden verliehen – für kinderreiche Frauen. Ehestandsdarlehen wurden bis 1937 nur gezahlt, wenn die Frauen aus dem Beruf ausschieden – auch mit dem Ziel, ihren Arbeitsplatz für Männer freizumachen.
Hitler habe das Unrecht des Versailler Vertrages ausgelöscht und zu Beginn des Zweiten Weltkrieges große Siege errungen.	Die vermeintlichen politischen Erfolge, Anschluss Österreichs und des Sudetenlandes, und die territorialen »Erfolge« des »Blitzkrieges« stellten einen Bruch des Völkerrechts dar. Zu den Opfern, die am schlimmsten betroffen waren, zählte Polen.

sie auch nichts gewusst habe. Es fehlt das Bewusstsein der historischen Wahrheit, dass diese Mehrheit die Nazi-Größen gewählt und deren Ideologie durchaus geteilt hat. Der Antisemitismus war in den Köpfen vieler fest verankert und nicht etwa ein Ergebnis der Verführung durch den Faschismus, wie manche glauben machen wollen.

In den Köpfen mancher Zeitgenossen hat sich ein zweigeteiltes Bild des Nationalsozialismus aufgebaut, demzufolge es eine gute Anfangsphase und eine Phase der zunehmenden Verbrechen gegeben habe.

Die alltäglichen Verbrechen haben inmitten der Gesellschaft stattgefunden und waren auch für jedermann sichtbar. Die Wahrheit ist, dass viele daran keinen Anstoß nahmen.

Beispiel: Das alltägliche Verbrechen

Die Frau im Nebenhaus hörte den Lärm im Treppenhaus. Die Polizeistiefel auf den Holzstufen. Den Kommandoton der lauten Stimmen. Der Nachbar wurde abgeholt.

Nach dem Krieg erzählte sie, dass sie die mehrfachen Abtransporte des Mitbewohners gesehen und bei dessen späterer Rückkehr auch wahrgenommen habe, dass er ein gebrochener Mann gewesen sei. Sie berichtete die Geschehnisse stockend und verschämt, schloss den Bericht dann jedoch mit einer unmenschlich kalten Ungeheuerlichkeit ab, die ihr selbst nicht bewusst war. Er sei aber ja auch Kommunist gewesen.

* * *

Die Ideologie im Kopf dieser Frau spiegelt ihr das Verbrechen letztlich als verständlich wider und rechtfertigt es als vermeintlich selbstverschuldet. Das Urteil dieser Zeitgenossin kann als paradigmatisch für die Haltung vieler Menschen im Nazi-Deutschland angesehen werden.

Wer genau hinsah – z. B. im Schiffbau auf den Werften – erkannte, dass die Schiffe für das Urlaubsprogramm »Kraft durch Freude« von vornherein für die spätere Verwendung als Truppentransporter konzipiert waren. Doch die Menschen wollten in kollektiver Infantilisierung ihrer Verblendung Glauben schenken. Auch noch, als der Krieg über sie hereinbrach.

Der Faschismus hatte viele verdeckte Helfershelfer. Menschen, die sich selbst als unpolitisch verstanden. Schlagersänger, Künstler. Ein Gassenhauer wurde zur Zeit des Kriegsanfangs dem Bewusstsein der Massen mit hohem Einsatz regelrecht eingebläut: »Das kann doch einen Seemann nicht erschüttern« (1939). Kein Lied konnten die Nazis so gut gebrauchen wie dieses, das darauf vorbereitete zu glauben, dass trotz der Schrecken des Krieges die Welt nicht untergehen würde, und »wenn die ganze Erde bebt und die Welt sich aus den Angeln hebt.« Die Deutschen würden aufrechten Hauptes und unerschrocken ihren Weg gehen. Den Weg in den Endsieg – so die Verblendung! Bis der Schleier der Ideologie sich hob und Deutschland in Schutt und Asche lag.

Zur selben Zeit dröhnten aus allen Lautsprechern die Lieder von Zarah Leander (1907-1981): »Davon geht die Welt nicht unter« und »Ich weiß, es wird einmal ein Wunder geschehen« (1942). Durchhalteparolen, die der größte Star der Nazizeit, Zarah Leander, selbst im Jahre 1945 noch als bloße Unterhaltung eingestuft hat. Viele Zeitgenossen übersetzten das Wunder klammheimlich mit der Wunderwaffe, die Hitler vermeintlich im Köcher hatte, und viele verstanden die Welt nicht mehr, als die Leander-Scheinwerfer erloschen waren.

Beispiel: Die Wirklichkeit des Krieges

Auschwitz und Buchenwald, die Belagerung Leningrads und die Zerstörung Warschaus. Verbrechen gegen die Menschlichkeit. Realität, die eigentlich undenkbar war. Menschen in Deutschland und Menschen aus Deutschland, die ihren Goethe und ihren Schiller kannten und dennoch zu Bestien wurden.

Berlin in den vierziger Jahren des 20. Jahrhunderts. Schon Krieg und noch immer klassische Musik. Die Bühne des Konzertsaals über und über mit Hakenkreuzfahnen drapiert. Die Berliner Philharmoniker mit Wilhelm Furtwängler am Pult, einem der größten Dirigenten der Neuzeit. Beethovens 9. Sinfonie und Schillers Ode an die Freude. Jubel ohne Ende. »Alle Menschen werden Brüder«. In der ersten Reihe Joseph Goebbels, der sich anheischig macht, dem Dirigenten zu gratulieren. Furtwängler, der die Glückwünsche freudig entgegennimmt. Ein widerliches Bild der Musikgeschichte.

Kein Goethe und kein Schiller, kein Mozart und kein Beethoven haben den Faschismus, den Krieg und die Verbrechen, die auf diesem Nährboden gewachsen sind, verhindert. Im Gegenteil. Sie wurden missbraucht, den Teufel zu verherrlichen.

Leningrad wurde ausgehungert, Menschen zu Menschenfressern gemacht und russische Mädchen in Nazibordelle verschleppt. Kaum ein Autor hat so anschaulich darüber berichtet wie der US-amerikanische Schriftsteller David Benioff (*1970) in seinem Roman »Stadt der Diebe« (2008).

***

Wie umgehen mit dem Entsetzlichen? In Sonntagsreden die Beschwörung der westlichen Wertegemeinschaft und des christlichen Menschenbildes, obwohl Erhabenheit noch keinen Krieg der Gegenwart verhindert hat. Nicht Korea und nicht Vietnam! Nicht Afghanistan und nicht Syrien! Damals Leningrad und heute Kabul! … und dennoch. David Benioff legt in seinem Buch »Stadt der Diebe« Zeugnis ab von Freundschaft und Nächstenliebe, von der Rettung von Menschenleben und von der Kraft der Humanität.

Erkenntnisse

ICH-Stärke ist die Fähigkeit,

- die Vorstellung von einer guten Phase des Faschismus als Irrglauben zu widerlegen.
- die Unschuldsbehauptung, dass man von den Verbrechen des Nationalsozialismus nichts gesehen und nichts gewusst habe, als Selbstbetrug zu entlarven.
- die Instrumentalisierung der Unterhaltungsindustrie für Zwecke der NS-Propaganda zu durchschauen.
- das massenpsychologische Phänomen zu bewerten, dass die NS-Gläubigkeit trotz der Schrecken des Krieges bis zum Ende ungebrochen war.

3.3 Kritik des Antisemitismus

Natürlich haben die Deutschen den Judenboykott der jüdischen Geschäfte am 1. April 1933 unter der Parole »Deutsche! Wehrt Euch! Kauft nicht bei Juden!« wahrgenommen und klammheimlich gebilligt. Doch diese Feststellung ist nur ein Teil der Aufklärung. Denn in der Parole schwingt ein fundamentaler staatsrechtlicher Irrtum mit, der die Gegensätzlichkeit von Deutschen und Juden unterstellt, obwohl die jüdischen Mitbürger, die hier verfolgt wurden, Deutsche waren. Deutsche jüdischen Glaubens. Hier schlägt eine völkische Ideologie durch, die Gemeinschaften nach der ethnischen Herkunft und nicht nach der Staatsbürgerschaft definiert. Deutscher sei, wer »deutschen Blutes« sei. Eine Vorstellung, die bis in die Gegenwart nachklingt. Die Deutschen. Die Türken. Überzeugte Gewerkschafter wissen, dass der Kollege an der Produktionsstraße in der Autoindustrie ein Solidaritätspartner ist. Deutscher dem Ausweis nach und Gewerkschafter den gemeinsamen polit-ökonomischen Interessen nach, die sich aus der Klassenlage herleiten und die ethnische Abstammung nicht berühren.

Die mitteleuropäischen Antisemiten sind sich einer zweiten Wurzel ihres Judenhasses nicht bewusst, derzufolge die Juden die Mörder von Golgatha gewesen seien.

Die Judenverfolgung der jüngeren Geschichte hat auch mit Unterlegenheitsgefühlen, kollektivem Neid und Eifersucht zu tun, denn die deutschen Juden waren Leistungsträger in Wirtschaft, Wissenschaft, Kultur und Politik und besetzten in diesen Bereichen einflussreiche Schlüsselpositionen.

Beispiel: Das teure Arbeitszimmer

Wenn der Geschäftsführer der Firma »Elektro Schlüter« eine wichtige Besprechung hatte, führte er seinen Gesprächspartner in sein Herrenzimmer. Dann fiel ihm gelegentlich dessen staunender Blick auf. Edle Möbel, repräsentativer Schreibtisch, teure Ledersessel auf luxuriösen Teppichen. Eine Nummer zu groß für den Standard eines kleineren Meisterbetriebes. Dann gab Meister Schlüter eine kurze Erklärung ab, dessen Tragweite er sich nicht bewusst war. Er habe über mehrere Generationen hinweg diese elegante Einrichtung von seinem Urgroßvater geerbt und wertgeschätzt. Urgroßvater habe sie seinerzeit – das müsse 1942 gewesen sein – zu Spottpreisen in einem öden Lagerhaus erstanden und wieder zu Ehren gebracht. Eigentlich keiner weiteren Rede wert. Der Geschäftspartner versagte sich meist ein Urteil, obwohl ihm tausend Gedanken durch den Kopf schossen. 1942 – die Möbel der Kanzlei eines Rechtsanwalts auf dem Flohmarkt. Hier war mit Händen zu greifen, dass jeder Sessel seine Geschichte hatte.

***

Ab Mitte Oktober 1941 und 1942 wurden systematische massenhafte Deportationen von Juden durchgeführt, allein in Hessen in der Zeit von Oktober 1941 bis September 1942 – zusammengetrieben in Turnhallen, Schulen und jüdischen Gemeindezentren – 15.500 jüdische Menschen in den sicheren Tod geführt. Ihre Immobilien wurden »arisiert«, d. h. überzeugten deutschen »Volksgenossen« übergeben. Ihr bewegliches Eigentum für billiges Geld verkauft, meist an Ausgebombte in den deutschen Städten.

In der Nachkriegszeit tauchte die Redewendung von der Stunde Null auf – mit der Vorstellung, dass der Mensch auf Knopfdruck ein gänzlich neues Bewusstsein abrufen könne.

Doch die Wahrheit ist eine andere. In der Technik können Schalter umgelegt werden, in den Köpfen nicht. Bewusstseinsveränderung muss erarbeitet werden.

Beispiel: Die braune Ernte

Lehrerprüfung 1985. Die Studentin Anne Winkler hatte ihre schriftliche Hausarbeit zum ersten Staatsexamen für das Lehramt über das Thema »Die NS-Jugend im Ernteeinsatz auf den ostelbischen Gütern« geschrieben und im Schwerpunkt ihrer Abhandlung dargestellt, wie Jungen und Mädchen 1943/44 als Erntehelfer in der Kriegswirtschaft eingesetzt wurden. Propagandistische Verführung junger Menschen und schamlose Ausnutzung billiger Arbeitskräfte. Der Faschismus als ideologische Fortsetzung der Herrenmentalität des Junkertums. Aussagen auf dem aktuellen Stand der Geschichtswissenschaft.

Kurz vor der Prüfung erfuhr Anne Winkler, dass die externe Prüferin in der Kommission die Geschichtslehrerin Dr. Eva Lange sein würde, die Tochter eines ehemaligen Gutsverwalters in Pommern, die 1945 nach Bremen geflüchtet war, zur Lehrerin ausgebildet und nach einigen Dienstjahren als Lehrbeauftragte in die Lehrerbildung berufen wurde.

Die Arbeit löste in der Prüfungskommission heftige Kontroversen aus – nicht zuletzt wegen der These, dass der Faschismus die ideologische Fortsetzung des Junkertums gewesen sei.

Als der Fachprüfer die Note »sehr gut« vorschlug, stieß er auf den entschiedenen Widerstand der externen Prüferin Dr. Lange, die sich mit äußersten Bedenken zu einer Note »Noch ausreichend« durchgerungen hatte. Sie sei bereit, durch alle Instanzen der Berufungsgremien zu gehen, wenn sie sich hier nicht durchsetzen könne. Sie schätze die Arbeit für ideologisch einseitig und für wissenschaftlich nicht haltbar ein, da sie jeder empirischen Erfahrung widerspreche. Ihr Vater, der Gutsverwalter, und der Herr selbst seien morgens um fünf die ersten bei der Arbeit und auf dem Hof ein Vorbild gewesen, sodass von einer Junkermentalität nicht die Rede sein könne. Sie, Frau Dr. Lange, müsse den Vorwurf der politischen Verführung und Ausnutzung junger Menschen entschieden zurückweisen. Zumal sie aus eigener Anschauung bezeugen könne, dass die Jungen und Mädchen freiwillig und lachend und singend auf die Felder gezogen seien. Nicht zuletzt fühle sie sich verpflichtet, das Andenken ihres Vaters in Ehren zu halten. Die Kommission einigte sich, um keine langwierigen Rechtsstreitigkeiten zu riskieren, auf die Kompromissnote »befriedigend«.

Der Mensch sehnt sich nach Kontinuität und nicht nach Brüchen. Er versucht um seiner ICH-Balance willen, mit sich selbst und seiner Vergangenheit im Einklang zu leben und in seinem Innern Bilder abzurufen, die ihn entlasten.

Erkenntnisse
ICH-Stärke ist die Fähigkeit,
- die Ideologie des »deutschen Blutes« als rassistisch zu brandmarken.
- im alltäglichen Faschismus die Gefahr zu erkennen, naivgläubige Menschen als Mitläufer zu instrumentalisieren.

- die Macht der Rechtfertigungsideologien in den Köpfen unaufgeklärter Menschen zu bewerten.
- ideologischen Kräften zu widerstreiten, die die historische Wahrheit leugnen und erneut für das NS-Gedankengut empfänglich sind.

4.
Wie das ICH mit der
Welt der Kultur umgeht

4.1 Das ICH und das Theater

Zur kulturellen Bildung gehört neben einem sachkundigen Umgang mit Literatur, Musik und Kunst auch ein ausgewiesener Sachverstand in Bezug auf das Theater. Kompetenz zur Beurteilung der Werke, der Inszenierungen und der Rezeption.

Während bei Werken der Literatur, der Musik und der Kunst die Darstellungsformen diesen Werken selbst immanent sind, bilden sie bei Werken des Theaters eine eigene Kunstgattung, die Inszenierung. Jedes Werk der Literatur, der Musik und der Kunst enthält eine Weltsicht, ist demnach nicht die Reproduktion der Wirklichkeit, sondern deren Deutung.

Interpretation in zwei Prozessen. Die erste Phase des Schaffens bezieht sich darauf, dass die Künstler die Realität im Medium ihrer inneren Vorstellungen deuten. Vergeistigung des Körpers. Die zweite Phase des Prozesses zielt auf die Vergegenständlichung ihrer Idee im Kunstwerk ab. Verkörperung des Geistes.

Wenn es sich um Theater handelt, findet noch eine weitere Verkörperung statt – in Form einer Inszenierung.

Beispiel: Das Theaterstück »Vögel«
von Wajdi Mouawad (Bremen 2020)
Indem die Regisseurin Alice Zandwijk in ihrer Inszenierung von der linearen Erzählweise abweicht, schildert sie die Geschichte

Tab. 4: Inhalte und Formen der kulturellen Bildung

Dimension	Werke der Literatur, der Musik und der Kunst	Theatralische Werke
Inhalte	Werkspezifische Inhalte: - Zeitgeschichtliche Darstellungen - Familienkonflikte - Erziehungskonflikte - Biografien	Ergänzungen der Inhalte durch - Rahmenhandlungen, - Erfindung eines Erzählers - Parallelszenen
Formen	Werkspezifische und werkimmanente Formen: - Lineare oder nicht-lineare Erzählung - Innerer Monolog - Absolute Musik / Programm-Musik - Leitmotivik - Impressionistische, expressionistische oder surrealistische Darstellung	Inszenierung als eigene Kunstform: Veränderte Formen durch perspektivische Darstellungen, Szenenumstellungen, Vor- und Rückblenden, Projektionen, Simultanszenen
Rezeption	Verändertes Werkverständnis in verschiedenen Zeiten der Kulturgeschichte Veränderte Rezeptionsgewohnheiten	Verändertes Werkverständnis in verschiedenen Zeiten der Kulturgeschichte Veränderte Rezeptionsgewohnheiten

der jüdischen Familie in dem Theaterstück »Vögel« von Wajdi Mouawad nicht chronologisch, sondern als Vernetzung der Ereignisse. Unabhängig davon, was zuerst und was hernach wann und wo geschehen ist. Rückblenden und Vorgriffe – vom Hier und Jetzt zum Dort und Damals und vom Aktuellen zum Dort und Dann. Eben noch New York und schon das Klopfen des Mädchens an der Wohnungstür der Großmutter in Israel. Eben noch die Bibliothek der Universität in den USA und wenig später der Vorgriff auf das Attentat, dem auf einer Brücke zwischen Israel und Jordanien der Sohn mit schweren Verletzungen zum Opfer fällt. Hier das Krankenhaus und dort die Rückblende auf die Grenzkontrolle bei der Einreise nach Israel. Harte Schnitttechnik mit räumlichen und zeitlichen Sprüngen, die die Spannung aufrecht halten. Mit dieser Darstellung erreicht die Regisseurin den Effekt, jeweils die Szenen an wechselnden Orten und zu verschiedenen Zeiten aneinander zu spiegeln.

Die Aufführung ist ein Theater der Symbolik. Im Hintergrund der Bühne ein kahler Baum. Der Feigenbaum vor dem Haus, in dem der Vater damals das palästinensische Baby fand, das hernach in der jüdischen Familie aufwuchs. Der Feigenbaum als Symbol der Erinnerung an die Geschichte des Findelkindes. Folgerichtig hockt Großvater auf den Ästen des Baumes wie auf seiner eigenen Vergangenheit. Im Koffer das gerettete Kind. Wieder die Gleichzeitigkeit des Ungleichzeitigen. Großvater im Hier und Jetzt und das Kind im Dort und Damals.

Der Koffer als Symbol für die Lebensreise des Kindes, das keinen festen Halt in Ort und Zeit hat. Welche Identität wird es entwickeln? Der Enkelsohn hat diese Frage im Vorfeld längst beantwortet. Besser als jede Identität des Judentums oder des Islams ist eine Identität als Mensch. Die jungen Leute lieben sich nicht als Jude und als Muslimin, sondern als Mann und Frau. Die Identität hat ihre Wurzeln nicht in den Genen, sondern im Kopf des Menschen. Während das aktuelle Geschehen weiterläuft, liegt das Findelkind aus jenen frühen Tagen in der Mitte der Bühne und gemahnt daran, dass das Heute seine Wurzeln im Gestern hat. Dann hält der erwachsene David das Kleinkind David im Arm, das er damals war, und erkennt sich nicht. Als David erfährt, dass er von seinen Wurzeln her Palästinenser ist, trifft ihn der Schlag und reißt ihn in den Tod. Reales Sterben und zugleich Ausdruck der schweren Identitätskrise, die Vater psychisch vernichtet.

Wenn Gesetze und Vorschriften das menschliche Miteinander behindern, gehören sie in den Reißwolf der Geschichte. Im Hintergrund der Bühne wird Großmutter fast von den herabfallenden Papierlawinen verschüttet. Papier, auf dem vermutlich solche unmenschlichen Gebote verewigt worden waren.

Menschen igeln sich bekanntlich diesseits oder jenseits der Mauer ein. In ihren ethnischen oder religiösen Denkburgen, in denen entschieden wird, wer dazu gehören darf und wer ausgeschlossen werden muss. Wir und ihr! Vögel sind klüger. Sie fliegen auf beiden Seiten der Mauer. Der Dokumentenberg in der Bremer Aufführung ist am Ende der Grabhügel, unter dem schließlich David mit seinem jüdischen Fanatismus begraben liegt. Er war zu Lebzeiten schon ein Toter.

Der Sohn wendet sich am Schluss der Aufführung direkt an das Publikum. Mit der Beteuerung, dass er keinen Trost habe. Wenn nicht Trost, dann vielleicht eine Hoffnung. Denn kurz zuvor fand in einer Szene eine Fußwaschung statt, das alte kulturhistorische Ritual als Symbol der Mitmenschlichkeit.

Zandwijks Inszenierung arbeitet mit Spielszenen und Phasen des epischen Theaters. In der dialogischen Handlung agieren die Personen in der Szene, während sie in den epischen Passagen aus der Szene heraustreten und sich unmittelbar an das Publikum wenden. Funktion, die Handlung weiterzuerzählen, die vergangenen Szenen zu interpretieren und eine direkte Botschaft an das Publikum zu richten. Episches Theater, das einst Bertolt Brecht entwickelt hatte.

* * *

Wer sich einer Theateraufführung nur spontaneistisch annähert, folgt einer Rezeption, die zu kurz greift. Fühlen, Denken, Urteilen – das ist der Dreischritt, der sich im Kopf der Zuschauer*innen vollziehen muss. Ohne Begriffe keine Tiefenschärfe. Solche Begriffe sind Kategorien wie die »Gleichzeitigkeit des Ungleichzeitigen«, die »Entschlüsselung der Symbole«, »Rückblenden und geistige Vorgriffe«, »äußere und innere Handlung«, die »Wiederkehr des Verdrängten«, »dialogische Spielszenen und Phasen des epischen Theaters«. Kategorien, die auf andere Inszenierungen übertragbar sind. Ausweitung der Rezeptionsgewohnheiten des Publikums in einem Theater, das sich als Schule des Sehens begreift.

Der Maßstab zur Bewertung der Kultur ist nicht die Idealisierung der Wirklichkeit, sondern die Wahrhaftigkeit der Darstellung. Nicht zuletzt die Opernhäuser ringen darum, das Musiktheater aus der Sphäre der Erbauung in die Realität zurückzuholen.

Beispiel: Idealisierung trifft auf Wirklichkeit

An der Rampe steht Konstanze, die große Liebende aus der Oper »Die Entführung aus dem Serail« von Wolfgang Amadeus Mozart (Alexander Riemenschneider, Bremen 2018) und singt ihre gefühlvolle Arie »Traurigkeit ward mir zum Lose«. Das hohe Lied der Liebe. Doch bevor das Publikum sich der Erbauung hingibt, trifft das Ideal auf Wirklichkeit, indem im Hintergrund der Bühne die Überhöhung der Liebe mit einer banalen Alltagsszene kontrastiert wird. Dargestellt wird die ritualisierte morgendliche Abschiedsszene, wenn Belmonte ins Büro aufbricht. Konstanze hilft ihm ins Jackett, streicht mit der flachen Hand die Rückenpartie glatt und entfernt Fusseln, bevor sie ihm den Aktenkoffer reicht. Dann Küsschen und Abgang. Ein flüchtiges Winken. Banales Alltagsgehabe in mehrfacher Wiederholung, bis schließlich die Requisiten Jackett und Koffer weggelassen werden und nur noch die konditionierten Bewegungsmuster gezeigt werden. Das Ritual prägt die Persönlichkeit. Idealisierung in der Musik trifft auf Alltagsbanalität, und in der Ritualisierung erstirbt das Leben.

* * *

Im Publikum gibt es noch immer Widerstände gegen Regiearbeiten, die in vertrauten Werken den Alltag der Gegenwart thematisieren. Hier ist ICH-Stärke der Rezipienten gefordert, sich zu der Erkenntnis durchzuringen, dass die Überhöhungen und Verklärungen das Problem sind und nicht der Versuch, in einem klassischen Stück Gegenwärtiges zu spiegeln.

Die äußere Handlung der Oper »Die Entführung aus dem Serail« ist verfallen. Die psychologischen Personenkonstellationen sind es nicht. Hoch aktuell die Verwicklungen des inneren Geschehens, die Rollendiffusion der handelnden Personen, die sich ihrer Identität und ihrer Liebe nicht sicher sind. Modern die Formen der Kommunikation, die Doppelungen in Ego und Alter-Ego und die inneren Monologe. Formen, die den Blick des heutigen Publikums weiten und die Aufführung eines Werkes rechtfertigen, das manche schon aus dem Repertoire streichen wollten.

Keine Sparte des Theaters hat sich so überzeugend der Moderne geöffnet wie das Tanztheater, das sich allmählich aus den Fesseln der Rituale des höfischen Balletts befreit.

Beispiel: Neue Formen des Tanzes

Berlin 2019. Eine Tanzszene. Auf der Bühne ein Knäuel. Ohne Bewegung und ohne Struktur. Ein Knäuel aus Menschenleibern. Eine enge Ganzheit, in der Einzelne kaum zu erkennen sind.

Dann der Hauch einer Bewegung, die das Knäuel lockert. Ein sanftes Wiegen und ein leichtes Kreisen. Der Außenring weitet sich und schafft in der Mitte einen Freiraum, in dem sich ein Mädchen reckt und streckt. Versuch des Individuums, aus der Gruppe auszubrechen.

Auch wenn der Tanz lebhafter wird, bleibt die Formation bestehen. Flexibilisierung und Zugewinn an Offenheit, bis der Außenring platzt und das Mädchen ins Freie schlüpft.

Die Tänzerin schwebt bis an die Rampe und genießt, was sie gewonnen hat: Unabhängigkeit, Eigenständigkeit und Selbstbestimmung. Dann eine leichte Drehung und ein Blick zurück. Stutzen und Begreifen: Die neue Freiheit ist eine Freiheit in Einsamkeit.

* * *

Die Zuschauer*innen verstehen: Je enger die Gruppenbindung desto weniger Individualität. Je mehr Individualität desto loser die Gruppenbindung. Getanzte Sozialphilosophie, die deutlich macht, dass die emanzipierte Persönlichkeit sich weder einseitig an der persönlichen Identität noch an der sozialen Identität orientieren soll, sondern beide Positionen durch ICH-Stärke ausbalancieren muss.

Manchmal gelingt der Regie, einer Aufführung ein inszenatorisches Highlight aufzusetzen, das vor Augen bleibt, selbst wenn die Erinnerung an die Aufführung als Ganzes verblasst ist:

- Ein lächelnder Mensch schaut in einen Spiegel, aus dem ihm die Fratze des Bösen entgegengrinst: *Symbol der zwei Seelen in einer Brust.*
- Gretchen schaut aus dem Fenster eines Puppenhauses: *Das Puppenhaus als Symbol der Kleinbürgerlichkeit.*
- Als die Wahrheit einer Tragödie ans Licht kommt, stürzt eine Fassade ein: *Eine Fassade als Blendwerk.*
- Durch die Fensterfront des Salons einer Wohnanlage fällt der Blick auf das Meer, das träge da liegt. In dem Augenblick, in dem die Konflikte der Protagonisten der Handlung eskalieren, braust das Meer auf, als wolle es die Welt verschlingen: *Naturgewalt als Symbol psychischer Konflikte.*
- Ein Mensch versucht aus einem geschlossenen Raum auszubrechen, in dem er zuvor Fenster und Türen zugemauert hat: *Das ICH als Gefängnis seiner selbst.*

- Ein Zwerg schaut in einen Spiegel, in dem ein stattlicher Mann erscheint: *Symbol des Größen-ICHs.*
- Hamlet schleppt seinen toten Vater auf dem Rücken: *Der verinnerlichte Vater.*
- Mutter und Sohn wechseln auf offener Bühne die Kleider und sind für Bruchteile einer Sekunde nackt: *Symbol einer inzestuösen Beziehung.*
- Ein psychisch kranker Mann schaut in einen Spiegel und erkennt sich nicht: *Symbol des Realitätsverlustes*
- Ein kahler Baum treibt am Ende ein grünes Blatt: *Prinzip Hoffnung.*

Neben dem großen Theater gibt es das Format der Kleinkunst im Kabarett, das seinen Charme Spielszenen verdankt, in denen der Realität der Zerrspiegel der Satire vorgehalten wird. Voraussetzung ist, dass das Publikum die Informationen hat, die der Satire anheim gegeben werden sollen. Diese Bedingung ist heute nicht immer erfüllt, sodass das Kabarett in die Schieflage kommt, die Informationen selbst erst vermitteln zu müssen. Dann besteht die Kunst darin, die Info-Phasen und die Spielszenen auszubalancieren. Schade, wenn die Spielszenen immer kürzer werden und die Info-Phasen dominieren. Das Kabarett sollte Theater bleiben und nicht Gefahr laufen, im Hochschulseminar des Hörsaals zu veröden.

Die Satire will die Wirklichkeit nicht abbilden, sondern mit den Mitteln der Zuspitzung und Übertreibung deren Karikatur sein. Sie verfolgt das Ziel, nicht das ganze Bild einzublenden, sondern auf einen »wunden Punkt« abzuheben.

Sie sollte stets so gestaltet sein, dass das Publikum zwischen dem realen Kern, auf den sie sich bezieht, und der bewusst verzerrenden Darstellungsweise unterscheiden kann.

Ob Theater oder Kabarett – mit kritischer Regie wechselt das Theater von der Dramaturgie des Erzähltheaters zur Dramaturgie des Denktheaters.

Erkenntnisse

ICH-Stärke ist die Fähigkeit,

- für die Darstellung eines Bühnenwerks nicht die vermeintliche Werktreue, sondern den kulturellen Auftrag einzufordern, dessen Gegenwarts- und Zukunftsbedeutung erfahrbar zu machen.
- die Rezeptionsgeschichte als Überlieferung subjektiver Wertungen zu verstehen und den Anspruch zu erheben, dass das Publikum seine eigenen Rezeptionsgewohnheiten daran überprüfen und gegebenenfalls verändern und erweitern muss.
- dem Theater die kulturelle Bestimmung zuzuschreiben, den Blick über das Gewöhnliche hinaus auf das Außergewöhnliche zu richten.
- die symbolischen Verschlüsselungen der Dramaturgie zu dekodieren.
- sich für die kulturelle Offenheit zu engagieren, das Eigene ins Fremde und das Fremde ins Eigene zu integrieren.
- in der Satire zwischen der Ebene der Realität, auf die sie sich bezieht, und der bewussten Verzerrung der Darstellung zu unterscheiden.
- im Einzelnen das Symbolhaft-Allgemeine zu erkennen, das über die Singularität hinausweist.

4.2 Das ICH und die Literatur

Lange Zeit wurde die Klassik in der humanistischen Bildung idealisiert und für unangreifbar gehalten, bis die Moderne die Maßstäbe verschob und die Forderung aufstellte, die Ideale in die Wirklichkeit zurückzuholen. An den Ereignissen der Geschichte lässt sich nichts mehr ändern, wohl aber an den Urteilen in den Köpfen der Menschen. Viele Überhöhungen müssen korrigiert werden, und manche Lichtgestalt wird verschattet, nicht zuletzt Johann Wolfgang von Goethe.

Beispiel: Oktober 1806 – Die Franzosen in Weimar

Nachdem Napoleons Heer die Preußen bei Jena und Auerstedt 1806 vernichtend geschlagen hatte, zogen französische Soldaten brandschatzend und plündernd durch Weimar.

Auch vor dem Hause Goethes am Frauenplan spitzte sich die Lage zu. Das war die Stunde einer tapferen Frau. Denn nicht Goethe trat den Franzosen mutig entgegen, sondern Christiane Vulpius, seine Lebensgefährtin.

Sie setzte den Namen Goethe wie einen verbalen Schutzschild ein – in der Hoffnung, dass die Franzosen den deutschen Dichterfürsten kannten. Doch Literatur war deren Sache nicht. Sie hatten den Namen Goethe nie herhört, geschweige denn jemals eine Zeile des Dichters gelesen. Das Einzige, was die Franzosen beeindruckte, war das energische Auftreten der jungen Frau. die keinen Schritt vor den Soldaten zurückwich. So gelang es ihr die Stellung zu halten, bis ein Schutzbrief der französischen Generalität eintraf und fürs erste für Entspannung sorgte.

Doch die wirkliche Gefahr für Leib und Leben brach des Nachts herein – in der Nacht vom 14. auf den 15. Oktober 1806, als es zwei betrunkenen Raufbolden mit gezogenem Degen gelang, in die hinteren Räume des Hauses einzudringen. Die Franzosen hatten eben den Degen auf Goethes Brust gesetzt, als sich Christiane als weiblicher Schutzschild über ihn warf und ihm das Leben rettete. Die ICH-Stärke in dieser Nacht hatte einen Namen – Christiane Vulpius.

* * *

Goethe verkroch sich 1806 vor den Franzosen und überließ es Christiane Vulpius, den feindlichen Soldaten entgegenzutreten.

Das Standbild Goethes auf dem Sockel der Kulturgeschichte wird rissig. Doch mit welchem Sinn und zu welchem Zwecke?

Es kommt nicht darauf an, tradierte Bilder zu zerstören, sondern bessere zu schaffen. Bessere in dem Sinne, dass sich im Vergleich zum Pathos mehr Wahrhaftigkeit durchsetzt. Zudem muss sich die Kulturkritik nicht nur gegenüber Autor und Werk der Literaturgeschichte, sondern vor dem Publikum der Gegenwart legitimieren.

ICH-Stärke entsteht nicht am Ideal, sondern an der Wirklichkeit. Im Falle Goethes ist die Identifikation mit dem Dichter differenzierter möglich, wenn er in seiner menschlichen Widersprüchlichkeit und nicht als überhöhte Persönlichkeit des Kulturgeschehens dargestellt wird. Immer präsent und doch nicht erreichbar.

Neben dieser Sichtweise gewinnt ein zweiter Gedanke an Bedeutung, der darauf abzielt, Christiane Vulpius Gerechtigkeit widerfahren zu lassen, die durchaus nicht das kleine Nichts an der Seite des großen Mannes, sondern eine starke Frau war und sich zu Recht die Wertschätzung der Mutter Goethes in Frankfurt erwarb.

Je mehr die Kleingeistigkeit der vermeintlichen Kulturgrößen der Weimarer Gesellschaft offenbar wird, desto mehr zeigen sich die Würde und Standhaftigkeit der Vulpius, deren Gestalt sich positiv davon abhebt.

Zur Entwicklung der ICH-Stärke der Nachgeborenen gehört es, nicht die vorgestanzten Bilder der selbsternannten Koryphäen zu übernehmen, sondern zu lernen, selbstbestimmt und differenziert zu urteilen.

Das Zentrum der deutschen Hochkultur im 18. Jahrhundert war Weimar. Goethe, Schiller, Herder und Wieland.

Im Jahre 1776 kam der Dramatiker Jakob Lenz nach Weimar. Ein junges Genie ohne bürgerliche Existenz, das nun seine Hoffnungen auf den ehemaligen Studienfreund Goethe setzte, dass ihm dieser zu einer Anstellung verhelfen würde. Lenz wurde bitter enttäuscht, denn es war ausgerechnet der vermeintliche Freund Goethe in seiner Eigenschaft als Staatsminister, der Lenz wegen einer Nichtigkeit des Landes verwies.

Goethe hielt seine Geliebte Christiane Vulpius als Haushälterin und bat sie nicht zu Tische, wenn Gäste im Hause waren.

Goethe wollte Schiller zunächst in Weimar nicht haben und verschaffte ihm eine Stelle in Jena (1788). Eher eine Abfindung als eine Berufung.

Als der bedeutende Philosoph Johann Gottlieb Fichte (1762-1814), einer der wichtigsten Vertreter des deutschen Idealismus, in Jena seine religionskritischen Thesen publizierte und damit den Atheismusstreit (1798/99) und die Drohung der Nachbarstaaten, des Kurfürstentums Sachsen und des Königreichs Preußen, auslöste, keine Landeskinder mehr für die Universität Jena zuzulassen, wurde Fichte zum Rücktritt gezwungen. Es wäre die Pflicht des Staatsministers Goethe gewesen, Fichte in Jena zu halten und nicht die unrühmliche Rolle zu spielen, die in die Literaturgeschichte eingegangen ist. Wer einen Fichte demontiert, demontiert sich selbst.

Goethe hatte kein Ohr für Schubert, sondern hielt es mit Carl Friedrich Zelter (1758-1832), ohne jemals zu erkennen, dass Franz Schubert der Größere war.

Goethe verdarb in falscher Bearbeitung das Lustspiel »Der zerbrochene Krug« von Heinrich von Kleist und verschuldete an seinem Theater den katastrophalen Misserfolg der Aufführung (1808).

Der zweite Große in Weimar war Schiller, der es jedoch nicht vermochte, seine Frau in die Schranken zu verweisen, als diese nicht müde wurde, Christiane Vulpius mit Bemerkungen wie »ein rundes Nichts« herabzusetzen und zu beleidigen.

Auch die dritte Lichtgestalt in Weimar trat seine eigenen humanistischen Überzeugungen mit Füßen – Johann Gottfried

Herder. Er verweigerte Goethe die Bitte, eines seiner früh verstorbenen Kinder christlich zu bestatten, da in Sünde gezeugte Kinder kein Recht darauf hätten, nach ihrem Hinscheiden in christlicher Erde zu ruhen.

Darüber hinaus hintertrieb Herder die Berufung von Jakob Lenz an die Domschule zu Riga, indem er diesem ein vernichtendes Gutachten ausstellte und es nicht einmal für nötig hielt, Jakob Lenz auf dessen Bitte um Unterstützung mit einigen Zeilen persönlich zu antworten. Weimar verriet sein Ideale.

ICH-Stärke ist die kognitive Messlatte, mit der die Welt – Politik und Gesellschaft, Bildung und Erziehung, Kunst und Kultur – vermessen wird. Vermessen in dem Sinne, dass der Einzelne die Bewertungen einer Epoche und der Biografien bedeutender Persönlichkeiten, die Aussagen eines Werks und einer Inszenierung in der Rezeptionsgeschichte mit den eigenen Vorstellungen vergleichen und gegebenenfalls sein Bewusstsein erweitern muss.

An den Ereignissen der Kulturgeschichte lässt sich nichts mehr ändern, wohl aber an den Urteilen der heutigen Menschen.

Ein Gipfel der Literaturgeschichte ist das Psychodrama, zu dessen großer Zeit die literarische Wiener Moderne zählt, für die als einer der Hauptvertreter der österreichische Schriftsteller Arthur Schnitzler (1862-1931) steht. Er ist der Erfinder des inneren Monologs und besaß zugleich die Genialität, diese Erzähltechnik zu einer literarischen Hochform zu entwickeln. Orientiert an der Psychoanalyse Sigmund Freuds (1856-1939), der die Selbstreflexion als Versuch des Bewusstseins ansah, der Wiederkehr des Verdrängten Herr zu werden. Freud entdeckte das Psychodrama, für das Schnitzler die literarische Form fand und in seiner Novelle »Fräulein Else« (1924) zu einer Meisterleistung des inneren Monologs in der Literatur ausgestaltete.

Beispiel: Die Novelle »Fräulein Else« von Arthur Schnitzler
Elses Vater, der Gelder veruntreut hat, ist von einer Verhaftung
bedroht, wenn er die 30.000 (später 50.000) Gulden nicht
zahlen kann. Er konfrontiert seine neunzehnjährige Tochter
mit dem Ansinnen, das Geld von dem reichen Kunsthändler
Dorsday zu besorgen, ohne ausschließen zu können, dass er
Else einer sexuellen Nötigung aussetzen wird. Diese tritt dann
tatsächlich ein, als Dorsday zur Zahlung nur bereit ist, wenn er
sie fünfzehn Minuten lang nackt sehen darf. Else, die zwischen-
zeitlich erfährt, dass ihr Vater Selbstmordgedanken hegt, gerät
in ein unlösbares Dilemma zwischen Familienloyalität und der
Bewahrung ihrer weiblichen Integrität.

* * *

Das äußere Geschehen ist sehr verknappt, sodass die eigentliche Handlung als Psychodrama in Form eines inneren Monologs im Kopf der jungen Frau stattfindet. Ein Ansturm von
Gedanken kreist um die Frage, was sie ihrem Vater schuldig
sei und ob er das Recht habe, sie zur Lösung seiner Schwierigkeiten zu instrumentalisieren, die er sich selbst zuzuschreiben
hatte.

   Zermürbender ist das Ringen um den Anspruch, die eigene
Ehre aufrechtzuerhalten und der Nötigung des alten Mannes
mutig entgegenzutreten. Dem Ansinnen nachzukommen, erscheint ihr gänzlich unmöglich. Das wäre Prostitution. Erniedrigung ihrer selbst mit dem Verlust ihrer Selbstachtung
und ihrer Würde als Frau. Sie ist dem Ansturm der inneren
Bilder – sexuelle Fantasien und Selbstmordszenarien – kaum
gewachsen.

   Am Ende des inneren Monologs steht keine Lösung im
Sinne einer Handlungsanweisung, sondern die Klarheit ihres
Bewusstseins, dass sie sich in einer ausweglosen Lage befindet.

Dann ein ich-starker kühner Entschluss. Sie wird sich den Ge-
lüsten des Alten nicht preisgeben, sich jedoch allen zeigen, der
ganzen Hotelgesellschaft im Musiksalon. Erfüllung seines Ver-
langens und Verweigerung zugleich.

Nicht nur in literarischen Werken, sondern auch in der Aneignung von ICH-Stärke im Alltag kann der innere Monolog
eine Rolle spielen, wenn Gesprächspartner diesen als Metakommunikation nutzen, die eigene Kommunikation zu reflektieren.

ICH-Stärke zeigt der Kommunikationspartner, der sowohl
Einsicht in die kommunikative Situation, die Bedeutsamkeit
der Sachaussagen und die Beziehungen der Kommunikationspartner untereinander hat. Der innere Monolog als reflexive
Kontrollinstanz.

Tab. 5: Ein Pausengespräch im Theatercafé

Personen: Er, Dr. Alt / Sie, Dr. Beck

Dialog	Innerer Monolog
Er: Schön, Sie zu sehen, Frau Dr. Beck. *Sie*: Ich bin gespannt auf Ihre Kritik.	*Sie:* Ich finde ihn anstrengend. *Sie:* Ich halte von seinem Urteil nichts.
Er: Die Rückblenden der Regie wirken zufällig. *Sie:* Gut beobachtet, Herr Dr. Alt.	*Sie:* Ich weiß, dass er von der offenen Dramaturgie keine Ahnung hat.
Er: Ich buche wieder das Freitag-ABO. *Sie*: Vielleicht sehen wir uns dann.	*Sie:* Ich werde auf das Mittwoch-ABO ausweichen, um mich nicht Scheingespächen stellen zu müssen.
Er: Der neue Spielplan ist sehr vielversprechend. Bis auf die Neutöner. *Sie:* Alban Berg. Hans Werner Henze. Darüber müssen wir uns unbedingt austauschen.	*Sie:* Der Gedankenaustausch über Berg und Henze lohnt sich mit ihm nicht.
Er: Weiterhin viel Freude! Bis später. *Sie:* Gute Unterhaltung! Ich warte im Foyer.	*Sie:* Ich will auf jeden Fall die 23-Uhr-Bahn erreichen und werde mich schnell verabschieden.

Der innere Monolog kann eine Selbstklärung oder eine Distanzierung sein. In dem Gespräch, das Frau Dr. Beck mit Herrn Dr. Alt führt, muss sie den Konflikt abwehren, dass sie nicht denkt, was sie sagt, und nicht sagt, was sie denkt, und sich selbst der Lüge zeihen. Eine solche Diskrepanz ist für die betreffende Person unangenehm, da sie wegen ihrer Unehrlichkeit Skrupel haben oder befürchten muss, dass der Gesprächspartner sie durchschaut. Andererseits braucht sie die Lüge als Abwehrmechanismus, um der Zumutung eines Scheingespräches mit der Erfahrung zu entgehen, dass sich eine ernsthafte Auseinandersetzung mit dem Kommunikationspartner nicht lohnen würde. Der pseudohöfliche Smalltalk als Vermeidungsverhalten.

Die eigentliche Lüge in dieser kommunikativen Situation ist jedoch die verdeckte Rede, die dadurch gekennzeichnet ist, dass der gesprächskritische Partner mit der Kompetenz zum inneren Monolog und zur Metakommunikation um die innerpsychischen Abläufe weiß und den Gesprächspartner darüber im Unklaren lässt. Pädagogisierung des anderen.

Tab. 6: Kommunikation und Metakommunikation

Gesprächspartner	Kommunikation	Metakommunikation
Herr Dr. Alt (A)	Herr Dr. Alt sendet nur auf der Sachebene und ist von der Bedeutsamkeit seiner Aussagen ohne selbstreflexive Überprüfung überzeugt.	Herr Dr. Alt kommuniziert, ohne eine Selbstreflexion der kommunikativen Situation und des von ihm Gesagten anzustellen.
Frau Dr. Beck (B)	Frau Dr. Beck kommuniziert auf der Sach- und Beziehungsebene und übernimmt die heimliche Gesprächsführung in einer hierarchischen Kommunikation.	Frau Dr. Beck stellt während ihrer Rede zugleich eine Selbstreflexion der kommunikativen Situation und des von ihr Gesagten an.

Viel über den Charakter der Kommunikation sagt die Überprüfung aus, ob die Gespräche ergebnisoffen sind oder festgezurrte Positionen enthalten, die den beteiligten Kommunikationspartnern verordnet werden sollen. Sollte einer der Gesprächspartner für sich das Recht beanspruchen, die normensetzende Instanz zu sein, nimmt das Gespräch den Charakter eines Appells an – mit dem Ziel, dem Gesprächspartner die Vorgaben zu oktroyieren. In diesem Fall ist der Normensetzer die Fixgröße und der Gesprächspartner, der überredet werden soll, die abhängige Variable. Ein Appell wird dann als gelungen eingestuft, wenn der Gesprächspartner Gehorsam signalisiert. Von dieser Art sind die meisten vermeintlich pädagogischen Gespräche in Elternhaus und Schule – mit der Folge, dass sie einen Gegenteileffekt auslösen und die Probleme verschärfen.

Gelingt es der normensetzenden Instanz nicht, den Gesprächspartner zum Gehorsam zu bewegen, tritt das Strafprinzip in Kraft, wohlwissend, dass die Strafe das unerwünschte Verhalten unterbinden, nicht jedoch das sozial erwünschte Verhalten generieren kann.

Kommunikation kann auf zwei Ebenen stattfinden, auf der primären Ebene der unmittelbaren Rede und Gegenrede und auf der sekundären Ebene der Metakommunikation. Während beide Gesprächspartner auf der Basisebene interagieren, können sie gleichzeitig ihre kommunikative Beziehung und sowohl das eigene als auch das kommunikative Verhalten des anderen reflektieren. Symmetrische Kommunikation, an der beide in gleicher Augenhöhe beteiligt sind.

Problematisch wird die kommunikative Situation jedoch, wenn nur einer der beiden Kommunikationspartner auf beiden Gesprächsebenen interagiert und von der Metaebene aus die heimliche Gesprächsleitung übernimmt. Sollte er aus einer kritischen Off-Situation heraus zu dem Ergebnis kommen, dass sich die sachliche Auseinandersetzung nicht lohnt, könnte er auf die Beziehungsebene ausweichen und auf dieser nur Höflichkeitsfloskeln senden, während der andere weiterhin von der Bedeutsamkeit seiner sachlichen Einlassungen überzeugt ist. Das Gespräch kippt in eine hierarchische komplementäre kommunikative Situation, in der der eine Gesprächspartner auf der Sachebene sendet, der andere auf der Beziehungsebene antwortet und von der Metaebene aus das kommunikative Geschehen steuert, das für ersteren blind bleibt.

Es gehört zu einer emanzipatorischen Gesprächskultur, dass die Gesprächspartner unter dem Sach- und dem Beziehungsaspekt auf der gleichen Frequenz interagieren und unter metakommunikativen Gesichtspunkten Einsicht in die Gesamtsituation haben. Wenn diese Bedingungen in der kommunikativen Beziehung nicht gegeben sind, wird sie nicht von langer Dauer sein.

Erkenntnisse

ICH-Stärke ist die Fähigkeit,

- die literarischen Verschlüsselungen zu dekodieren, die sich auf die Erzähltechnik des inneren Monologs, die linearen und nicht-linearen Darstellungen und den Perspektivenwechsel beziehen.
- den inneren Monolog als eine Form der Metakommunikation zu bewerten.
- die Metakommunikation als eine Möglichkeit einzuschätzen, während des Redens die kommunikative Situation und das eigene Gesprächsverhalten zu reflektieren.
- die symmetrische Kommunikation der Gesprächspartner als Kennzeichen eines gelungenen Gesprächs zu betrachten.
- die verdeckte Rede als Abwehrmechanismus zu interpretieren.

4.3 Das ICH und die Kunst

Niemals wären die Großen zu ihren berühmten Taten fähig gewesen, wenn nicht viele Namenlose dabei gewesen wären, denen die Geschichte keine Beachtung geschenkt hat. Krieger, Lastenträger und Reitknechte. Von den Frauen ganz zu schweigen, die nicht einmal als Kollektiv erwähnt werden. Diesen Namenlosen hat Bertolt Brecht in seinem berühmten Gedicht »Fragen eines lesenden Arbeiters« ein beeindruckendes Denkmal gesetzt. »Wer baute das siebentorige Theben, In den Büchern stehen die Namen von Königen. Haben die Könige die Felsbrocken herbeigeschleppt? ... Cäsar schlug die Gallier. Hatte er nicht wenigstens einen Koch bei sich?« (Werkausgabe Edition Suhrkamp, Band 9, Frankfurt a. M. 1967, S. 656)

Die Geschichte berichtet von Schlachten und vermeintlichen Ruhmestaten. Geschichte in falscher Perspektive.

Die erste Schuld trifft die Herrschenden, die Jahrhunderte lang für das Volk ihren eigenen Ruhm inszeniert haben. Friedrich der Große – der König, der in seinen Kriegen fast den Untergang Preußens verursacht hätte.

Die zweite Schuld trifft die glühenden Verehrer, patriotische Dichter wie Johann Wilhelm Ludwig Gleim (1719-1803), die in ihren Werken die falschen Helden idealisieren. Sie haben vielen Leichtgläubigen eine Identifikation mit Gott und Vaterland nahe gelegt, die gegen ihre eigenen Interessen verstößt. Großmannssucht und Kriegsbegeisterung, die immer mit Hass verbunden war.

Die dritte Schuld trifft die Verführten, die in blinder Verehrung den Herrschaftsverhältnissen zugestimmt und diese dadurch verfestigt haben. Der Legitimationsglaube ist eine herrschaftsstabilisierende Denkhaltung, die jede ICH-Stärke im Keim erstickt.

Vor diesem historischen Hintergrund ist Brechts Erinnerung an den lesenden Arbeiter, der nach den Bauleuten in Lima, den Maurern der Chinesischen Mauer, nach den einfachen Bürgern der Stadt Byzanz und nach dem Koch des Julius Cäsar fragt – vor diesem Weltgeschehen ist Brechts Gedicht ein Befreiungsschlag.

Viele Menschen haben einen Dualismus im Kopf. Hier das Hohe und Hehre der Kunst und dort das Profane und Niedere der Welt aus Eisen und Stahl oder Ton, Steinen und Erden. Schwer zu verstehen, warum die Kunst – wie Konservative glauben machen wollen – an Größe verlieren soll, wenn sie im Kontext der Arbeit interpretiert wird, auf der sie beruht.

Beispiel: Sizilien, Insel der Antike

Kunsthistorische Studienfahrt auf Sizilien. Auf Schritt und Tritt die großartige Ästhetik der griechisch-römischen Plastik. Hier ein Apoll, dort eine Venus. Die Schönheit des menschlichen Körpers in Stein gehauen. Die Kunstbegeisterten bewundern die Fähigkeit des Bildhauers, aus der Schwere des Marmors die Leichtigkeit einer grazilen Bewegung herauszumeißeln. Eine zarte Neigung des Kopfes, eine anmutige Handhaltung, eine leichte Drehung des Körpers. Der Schein einer lebendigen Seele in einem toten Stein. Große Kunst, und doch steigt im Kopf der Betrachter*innen eine kritische Frage auf. Woher kam der Stein, aus dem diese Anmut geschaffen wurde?

Und unwillkürlich taucht vor dem inneren Auge ein Steinbruch in den Bergen auf, in dem Männer mit nacktem Oberkörper in glühender Hitze mit Brechstangen Steinblöcke aus dem Steilhang stemmen.

Dem Reiseleiter der Kunstgruppe gelingt eine Überraschung, ein Abstecher in einen der antiken Steinbrüche, in dem noch unfertige Säulen und Skulpturen zu finden sind. Die Gruppe kann die Schwere der Sklavenarbeit erahnen. Doch

statt der Bewunderung, die den Sklavenarbeitern zugestanden
hätte, kommt Unmut auf. Der Reiseleiter wolle den Kunst-
beflissenen die Freude an den Kunstwerken verderben und
seine linke Weltsicht an wehrlosen Reisenden auslassen. Nur
unwillig erinnern sie sich, dass das antike Griechenland eine
Sklavenhalter-Gesellschaft war. Die Kunstgruppe wirft dem
Reiseleiter ein ideologisch-dogmatisches Kunstverständnis vor
und bewirkt mit einer Beschwerde bei der Reiseagentur dessen
Entlassung.

* * *

Den Rückbezug der griechischen Bildhauerkunst auf die Sklavenarbeit, die ihr zugrunde liegt, empfinden die humanistisch
gebildeten Kunstreisenden als narzisstische Kränkung. Ohne
jede Scham, die Wahrheit der Geschichte zu leugnen. Bewunderung für die Werke der Hochkultur und Verachtung für die
Arbeit im Steinbruch – gespaltener Humanismus.

Keine Denkrichtung hat der kunstästhetischen Bildung
so geschadet wie der Nationalsozialismus. Zwar brachte die
Mehrheit des Publikums das restriktive, realitätsfixierte Kunstverständnis mit, sodass nicht behauptet werden kann, dass die
NS-Ideologie dieses verursacht habe, sie hat es jedoch über
mehrere Generationen in den Köpfen der Menschen verfestigt.
Nicht zuletzt durch die Bekämpfung der modernen Kunst, die
sie als »entartet« diffamiert und deren Werke sie aus den Kunst-
museen verbannt hat.

Darüber hinaus hat sie versucht, die Kunst zum Zwecke
einer verlogenen »Heldenverehrung« zu instrumentalisieren
und zu missbrauchen. Dennoch ist es in der Nachkriegszeit gelungen, alle Stilrichtungen wiederzubeleben und der Kunst ihre
kulturelle Bedeutung zurückzugeben.

Kunst ist das Deuten der Welt. Eine Weltsicht. Die Künstler*innen ersinnen ein ideelles Bild der Wirklichkeit, das sie

dann in ihrem Werk vergegenständlichen. Eine Vergeistigung, die das Naturalistische weit übertrifft. Pablo Picasso konstatierte einst erleichtert, dass die Kunst – nach der Erfindung der Fotografie – der Notwendigkeit naturalistischer Darstellungen enthoben sei. Eine neue Freiheit, über die Welt der Erscheinungen hinauszukommen, um deren Wesen zu erfassen.

Für die kunstästhetische Bildung bedeutet diese Orientierung, dass die Rezipienten sich die Semiotik, d. h. das Zeichensystem der Kunst mit seinen symbolischen Verschlüsselungen aneignen müssen.

Hilfreich zur Erfassung der Tiefendimensionen der Kunst war und ist die moderne kritische Psychologie, die es möglich macht, Darstellungen von übernatürlichen Wesen wie Engeln, Teufeln und Geistern als Imaginationen des menschlichen Geistes zu lesen. Personifizierungen von Ängsten und Albträumen.

Wer dennoch an der Vorstellung festhält, Kunst sei dem Realismus verpflichtet, gerät unweigerlich in einen Konflikt zu ihren veränderten Darstellungsformen.

Wenn ein kunstinteressierter Mensch die Vorstellung hat, dass die Kunst – in Form und Farbe – ein realistisches Abbild der Natur sein soll, wird er die kubistische Kunst (Pablo Picasso,

Tab. 7: Kunstverständnis und Kunstwerk im Konflikt

Subjekt Kognitive Struktur	Objekt-/Sachstruktur ——> <——	Ideelle Abbildstruktur
Forderung nach Kunst	Rembrandt: Die Staalmeesters (1662)	Bewunderung für den Realismus
mit realer Abbildung	Franz Marc: Turm der blauen Pferde (1913)	Vorbehalte gegen die unrealistische unnatürliche Darstellung
von Mensch und Natur	Pablo Picasso: Frau in einem Fauteuil (1941)	Ablehnung der Kunst als Provokation

Frau in einem Fauteuil, 1941) ablehnen, gegen die expressionistische Kunst (Franz Marc, Turm der blauen Pferde, 1913) Vorbehalte haben und nur die realistische Kunst anerkennen (Rembrandt van Rijn, Die Staalmeesters, 1662).

Franz Marc im Mittelfeld zwischen Realismus und Surrealismus könnte mit einer gemäßigten Abweichung von der Wirklichkeit der geeignete Maler der jüngeren Kunstgeschichte sein, die Rezeptionsgewohnheiten der Menschen auszuweiten und sie für die Moderne zu gewinnen.

Das neue Sehen ist nicht nur ein Anliegen der Kunstgeschichte, sondern auch der Humanwissenschaften, nicht zuletzt der Identitätspsychologie, die den Blick auf die tieferen psychischen Prozesse der Menschen lenkt. Auch der Menschen, die als Figuren in Kunstwerken dargestellt sind.

Eines der größten Kunstwerke des Abendlandes ist der »Englische Gruß« von Veit Stoß, ein Schnitzwerk aus Lindenholz, das in der Basilika St. Lorenz in Nürnberg hängt. Die Verkündigungsszene, in der der Erzengel Gabriel der Jungfrau Maria die Botschaft überbringt, dass sie die Mutter Jesu sein wird. Veit Stoß stellt die Erscheinung, die Maria als inneres Bild vor Augen hat, als äußeres Bild dar, als Personifizierung ihrer Imagination. Verkörperung moderner Psychologie im Mittelalter.

Beispiel: Der »Englische Gruß« von Veit Stoß

Da die Welt weiß, dass es keine Engel gibt, muss Veit Stoß dessen leibhaftige Erscheinung in dem Schnitzwerk als Projektion darstellen, in der Maria ihr inneres Bild nach außen wendet. Der Künstler stellt zwei Menschen dar, die in Wahrheit ein und dieselbe Person sind. Maria horcht in sich hinein und hört – als Erahnen des aufkeimenden Lebens in ihrem Leibe – eine innere Stimme, die sie in der Erscheinung Gabriels personifiziert. Der Dialog wird in dem Schnitzwerk bloß angedeutet, da die Figuren nur leicht einander zugewandt sind. Gabriel als Alter-Ego der Jungfrau Maria. Doppelung ihres ICHs, sodass der Dialog in Wahrheit ein Akt der Selbstklärung ist. Selbstvergewisserung, denn ihre rechte Hand weist auf sie selbst zurück und kann als Zeichen des Selbstbezugs gelesen werden. Dass die innere Stimme eine Stimme von oben ist, wird in dem erhobenen Zeigefinger Gabriels symbolisiert.

Großartige Menschendarstellung in moderner psychologischer Tiefenschärfe. Das Motiv ist religiös, die Aussage menschlich.

* * *

Der »Englische Gruß« ist eine Szene der Selbstklärung in einem doppelten Sinne. Zum einen eine Selbstklärung der dargestellten Personen i n der Szene und zum anderen eine Selbstklärung der Betrachter*innen, die aus dem Off a u f die Szene blicken. Hier können die kunstinteressierten Menschen ihre Rezeptionsgewohnheiten ausweiten und verstehen, dass in der Kunst eine zweite Person nicht immer ein leibhaftiges fremdes Gegenüber, sondern das personifizierte Alter-Ego sein kann.

Kein Bild der neueren Kunstgeschichte löste einen solchen Skandal aus wie das später weltberühmte Gemälde »Die Jungfrau züchtigt das Jesuskind« von Max Ernst (1891-1976), das der Künstler 1926 geschaffen hat und das heute im Museum Ludwig in Köln hängt.

Beispiel:
»Die Jungfrau züchtigt das Jesuskind« – Max Ernst 1926
Das Gemälde zeigt, wie Mutter Maria das nackte Jesuskind übers Knie legt und mit weit ausholender Hand so kräftig schlägt, dass das Gesäß wund wird und der Heiligenschein dem Knaben vom Kopf fällt. Keine sanftmütige Mariendarstellung, kein überirdischer Jesus und keine Ehrfurcht vor geglaubter

Heiligkeit. Überspitzte Provokation, dass der Künstler sein Bild in den Heiligenschein hinein signiert hat.

Der zu dieser Zeit amtierende Erzbischof Kardinal Schulte ließ die Ausstellung sofort schließen und das Gemälde als Gotteslästerung abhängen. Dieses historische Ereignis mag neben der künstlerischen Bedeutung des Werks dazu beigetragen haben, dass das Gemälde zum Publikumsmagneten geworden ist.

Der damalige Skandal macht deutlich, wie die Kunstgeschichte über die Jahrhunderte die Sehgewohnheiten und Vorstellungen der Menschen geprägt hat. Die Heilige Familie immer hoch und hehr und überirdisch göttlich, obwohl doch ein bekannter Choral Jesus immer als »wahr Mensch und wahrer Gott« (Es ist ein Ros entsprungen, Choral 1599) beschrieben hatte. Die Aussage »wahr Mensch« war indes immer mehr in Vergessenheit geraten, sodass die Köpfe nur noch das Ewig-Heilige verinnerlicht hatten. Das lässt den Skandal plausibel erscheinen.

Wenn die Vorstellung »wahr Mensch« geblieben wäre, hätten die Nachgeborenen Jesus ein gelegentliches Ausrasten und Maria strenge Erziehungsmaßnahmen zugestanden, um ihren Sohn auf den Pfad der Tugend zurückzuführen.

Erkenntnisse

ICH-Stärke ist die Fähigkeit,

- die Vorstellung zu kritisieren, dass die Kunst das Hehre und die Arbeit das Niedere sei.
- die Arbeit als die materielle Basis aller Kultur einzuschätzen.
- in der Kunst nicht die realistische Abbildung der Wirklichkeit, sondern deren Deutung als eine Weltsicht zu erkennen.
- ein Kunstwerk als Personifizierung innerer Vorstellungen zu verstehen.

- die Kunst – nach einem Wort von Max Ernst – als die Schule des Sehens zu betrachten.
- der Kunst das Recht zuzubilligen, das neue Sehen und das kritische Denken ständig neu herauszufordern.
- die Rezeptionsgeschichte als Überlieferung unterschiedlicher Kunstauffassungen zu interpretieren.

5.
Wie das ICH mit der sozialen Wirklichkeit umgeht

5.1 Das ICH und die Wahrheit

Nicht in jeden dunklen Winkel der Weltgeschichte dringt der Strahl der Wahrheit. Die Menschen glauben, dass ihr Wissen auf Fakten beruht, ohne zu bemerken, dass es vielfach Einstellungen und Meinungen sind. Die Kreuzzüge seien Befreiungskriege zur Befreiung des Heiligen Grabes gewesen. Dass es Kriege waren, steht außer Zweifel. Doch Befreiungskriege? Der Terminus »Befreiungskrieg« beschreibt eine weltanschauliche Sichtweise, kein Faktum. Tatsächlich waren die Kreuzzüge wohl eher eine Invasion, die Zeitgenossen zur Gottwohlgefälligkeit hochstilisiert haben, um sie zu legitimieren.

Einfache Beispiele zeigen, dass Geschichte voller Wertungen ist. Das »Heilige Römische Reich« – die Attribuierung eines Reiches als »heilig« ist nun wahrlich – mit Händen zu greifen – ein Werturteil und kein Sachverhalt der Realität. Diese Werthaltigkeit ist ein großes Problem des Geschichtsunterrichts, denn die Schüler*innen sehen die impliziten Werturteile als Fakten an und übernehmen die Weltsicht, ohne sich dessen bewusst zu sein. In Wahrheit sollen sie sich keine Beurteilungen zu eigen machen, sondern lernen zu urteilen.

Was die Menschen in diesem Zusammenhang im Bewusstsein speichern, ist die sogenannte Persönlichkeitstheorie. Eine spezifische Weltsicht zur Deutung der Wirklichkeit. In dieser

Weltsicht spiegelt sich das kollektive Bewusstsein der Gesellschaft – mit aufgeklärten und irrationalen Versatzstücken aus Wissenschaft, Kultur, Tradition und Ideologie. Weltbilder, die in den Köpfen meist als unaufgeklärte Denkgewohnheiten existieren.

Gelegentlich macht die Presse darauf aufmerksam, wofür die Denkmäler, die Reiterstandbilder, die Siegessäulen, die Adlersymbole in der Öffentlichkeit und nicht zuletzt die Straßennamen stehen. Solche Aufklärungskampagnen sind dringend geboten, um zu verhindern, dass die Nachgeborenen falsche Weltbilder und Werthaltungen ungefragt übernehmen und weitertragen.

Völkerrechtler fragen sich, wie es möglich ist, dass es in Deutschland – wie in Oberhausen – immer noch den Straßennamen »Von-Trotha-Straße« gibt, obwohl die Welt doch weiß, dass von Trotha der preußische General war, der im Jahre 1904 den Völkermord an den Herero und den Nama in der ehemaligen deutschen Kolonie Deutsch-Südwestafrika mit über 80.000 Toten zu verantworten hatte.

Kaum zu fassen ist es auch, warum es Jahre gedauert hat, dem »Hindenburgufer« in Kiel, dem schönsten Fördeufer der Stadt, einen erträglichen Namen – Kiellinie – zu geben, und warum es in Bremen-Nord noch immer einen Platz des anstößigen Namens »Sedanplatz« gibt. Wie lange brauchen mündige Menschen, sich gegen falsche Ehrungen – Hindenburg war der Steigbügelhalter für Hitler – und fatalen Hurra-Patriotismus zu wehren, in dem der Name »Sedan« die Schmach Frankreichs in der Niederlage des Deutsch-Französischen Krieges von 1870/71 symbolisiert.

Verhängnisvoll ist – wie schon am Beispiel des Nationalsozialismus aufgezeigt – das Zwei-Phasen-Modell des Denkens.

Bismarck, der Sozialreformer und der Reaktionär. Die historische Wahrheit ist, dass Bismarck die Sozialgesetzgebung nicht aufgrund sozialer Einstellungen, sondern aufgrund der vermeintlichen Notwendigkeit auf den Weg gebracht hat, die Arbeiterbewegung stillzustellen.

Bismarck der Gegner des Erwerbs von Kolonien und Bismarck der Gastgeber der Kongo-Konferenz, auf der 1884/85 die Welt aufgeteilt wurde. Die historische Wahrheit ist, dass Bismarck nicht aufgrund völkerrechtlicher Bedenken gegen den Erwerb von Kolonien war, sondern aufgrund der Einschätzung, dass sie keinen ökonomischen Vorteil brächten.

Kolumbus der Entdecker, Pizarro der Eroberer. Die historische Wahrheit ist, dass die Entdecker den Eroberern Tür und Tor zur Unterwerfung der einheimischen Völker geöffnet haben. Dass Kolumbus ihnen das Christentum gebracht habe, war de facto die Vernichtung der bestehenden indianischen Hochkulturen.

Der anfangs gute deutsche Kolonialismus und erst hernach die Unterdrückung der Völker. So die ideologische Lesart. Die historische Wahrheit ist, dass jede Form des Kolonialismus einen Verstoß gegen das Völkerrecht darstellt.

Der Fortschritt ist eine Schnecke, hatte einst Günter Grass gesagt. Doch es gibt ihn. In Berlin wird die ehemalige U-Bahn-Station »Mohrenstraße« umbenannt und soll nunmehr den Namen »Glinkastraße« erhalten. Indes scheint auch dieser Name verbrannt zu sein, da der russische Komponist Glinka erklärter Antisemit war.

Hindenburg, Sedan, von Trotha, Mohr, Glinka – belastete Namen, die für die Benennung einer Straße nicht mehr infrage kommen. Straßen und Plätze in Deutschland sind kontaminiert.

Die Persönlichkeitstheorie eines Menschen bezieht sich nicht nur auf Weltbilder, sondern vor allen Dinge auch auf soziale und psychologische Gegebenheiten, in denen Vorstellungen über die Wesensmerkmale der Erziehung, über Glück und Unglück und über die Ausgestaltung von Rollen zum Ausdruck kommen.

Beispiele: Unerträgliche Wahrheiten

(1) Alle psychischen Schwierigkeiten kommen aus den Erfahrungen, die ein Mensch gemacht hat oder macht – in der Familie, in der Schule, in Partnerschaften, in Eltern-Kind-Verhältnissen und in der Zugehörigkeit zu Gruppen.

(2) In allen Beziehungen ist das ICH selbst Teil des Problems.

(3) Erziehungsschwierigkeiten sind Schwierigkeiten in der Beziehung zwischen der Erzieherpersönlichkeit und dem Kind und nicht dessen Schuld.

(4) Alle Rollen, die ein Mensch in seiner Entwicklung einnimmt, haben Einschränkungen zur Folge.

(5) Die Rolle der Hausfrau musste Generation für Generation idealisiert werden, um sie erträglich zu machen.

Das ICH bildet sich ein, dass diese unerträglichen Wahrheiten auf alle Erziehungsverhältnisse, Beziehungen und Rollen zutreffen, nur nicht auf die eigenen.

* * *

Bei den ideologischen Vorstellungen in den Köpfen handelt es sich nicht nur um Wissen, sondern um Glaubensgewissheiten, die die Basis der Identität darstellen. Als 1945 das ganze Ausmaß der NS-Verbrechen sichtbar wurde, brach für manchen NS-Anhänger eine Welt zusammen. Zugleich musste der Einzelne sich selbst und anderen erklären, wie es dazu gekommen war, den NS-Verheißungen zu verfallen. In diesem Zusammenhang mag die – wiederum falsche – Vorstellung, dass nicht alles schlecht gewesen sei, eine gewisse Entlastungsfunktion gehabt haben.

Wenn der mündige Mensch die Anstrengung einer Selbstaufklärung wagt, möchte er gern, dass sich seine Glaubensgewissheiten bestätigen. Da diese Bestätigung meist nicht eintrifft, stellen Lernen und Umlernen nichts weniger als eine Identitätskrise dar.

Erkenntnisse

ICH-Stärke ist die Fähigkeit,

- zwischen Fakten und Wertungen zu unterscheiden.
- sich der Anstrengung zu stellen, die Geschichte und das eigene Bewusstseins aufzuklären.
- in Konflikten zu akzeptieren, dass das eigene ICH ein Teil des Problems ist.
- mit der Schwierigkeit fertig zu werden, dass Lernen und Umlernen psychologisch eine Identitätskrise darstellt.

5.2 Das ICH und das Probehandeln

Zwischen dem ICH und den Autoritäten existiert eine widersprüchliche Beziehung. Einerseits braucht das ICH die Autorität, um daran eine eigene innere Führung aufzubauen, und andererseits muss es die äußere Autorität zurückdrängen, um die Selbstbestimmung zu wahren.

Beispiel: Die Ermittlung

Als Lehrer Lange den Klassenraum betrat, sah er seiner Elften an, dass sie etwas im Schilde führte. Er war jedoch entschlossen, die Köpfe sofort auf Empfang zu schalten. Er schlug die Tafel auf und verfärbte sich. Im Mittelfeld eine Karikatur seiner selbst. Ein übergroßer Kopf mit zu langer Nase. Ein Auge hängend und der Mund zu breit. Die Haare wirr. Die Entstellung war höllisch, und dennoch konnte Walter Lange eine gewisse Ähnlichkeit mit sich selbst nicht leugnen. »Wer war das?« Langes Stimme klang fremd. »Aufstehen!« Jens Hoppe stand auf und grinste.

Lange machte eine wegwerfende Bewegung und sagte, dass Hoppe es nicht gewesen sein könne, da ihm das Talent zu einem solchen Machwerk gänzlich fehle. Hoppe trat Kleinert gegen das Schienbein, bis auch dieser aufstand. »Du warst so spät auf dem Weg heute Morgen, Kleinert, dass du gar keine Zeit gehabt hättest, Scheußlichkeiten zu produzieren«, bellte Lange.

Kleinert signalisierte Anne Frahm, ebenfalls aufzustehen. Inzwischen war allen klar, dass hier ein Machtkampf stattfand. Lange gegen die Elfte. Die Elfte gegen Lange. Ein Machtkampf, den Lange längst verloren hatte. Denn nun standen alle fünfzehn Schülerinnen und Schüler. Die ganze Elfte.

Lange beendete den Unterricht grußlos und verließ den Klassenraum schnellen Schrittes, obwohl er inzwischen das Gefühl hatte, ein wenig stolz auf seine Elfte sein zu dürfen.

* * *

Konflikte entstehen zwischen der äußeren Autorität und dem ICH, dem unweigerlich die Befriedigung von Bedürfnissen untersagt wird. Das ICH kann diese Spannung nicht ausbalancieren und muss den Außendruck abwehren, indem es sich mit der Autorität identifiziert. Identifikation als Abwehrmechanismus mit der Folge, dass der äußere Konflikt nach innen verlagert wird und nunmehr eine Verunreinigung der Person mit sich selbst bewirkt. Spannung zwischen dem Über-ICH, das nichts anderes als die verinnerlichte Autorität darstellt, und dem ES, das unverändert Bedürfnisansprüche erhebt.

ICH-Stärke ist die Fähigkeit, diese Spannung auszubalancieren. Kinder und Jugendliche müssen in ihrer Sozialisation Rollen einnehmen und mit deren Übernahme die Erfahrung machen, dass diese mit Verhaltensauflagen verbunden sind. Verhaltensauflagen in den Rollen der Kinder in den Familien, der Schülerinnen und Schüler in der Schule, der Auszubildenden in der Welt der Berufe und der Freundinnen und Freunde in den Peergroups. Rollen in verschiedenen Gruppen, die entweder formelle oder informelle Gruppen sind.

Eine formelle Gruppe ist eine Arbeitsgruppe mit klaren Zielvorgaben und verbindlicher Arbeitsorganisation. Eine Gruppe auf der Grundlage eines Sachzusammenhangs.

Eine informelle Gruppe ist eine Gruppe, in der sich Menschen zusammenfinden, die sich freundschaftlich verbunden fühlen. Eine Gruppe auf der Grundlage persönlicher Sympathien. In beiden Fällen muss es zur Stärkung des Gruppenzusammenhalts ein Wir-Gefühls geben. Eine Identifikation mit den Zielen und den Mitgliedern der Gruppe.

Das ICH als Gruppenmitglied muss beachten, dass der Gruppeneinfluss auch negativ sein kann, wenn eine Gruppe willfährig dazu neigt, dem Fehlverhalten einzelner Beifall zu zollen und dieses dadurch zu verstärken.

Das soziale Netz der Rollen ist noch nicht die volle Wirklichkeit, sondern bereitet darauf vor, und kann insofern als soziales Übungsfeld betrachtet werden. Erprobung von Verhaltensmustern,

- Ziele zu setzen und Pläne zu verwirklichen.
- mit Erfolgen und Misserfolgen umzugehen.
- Rückschläge zu überwinden und Neuanfänge zu wagen.
- Widrigkeiten zu meistern und Frustrationstoleranz zu erwerben.
- die Befriedigung von Bedürfnissen aufzuschieben.
- Solidarität zu üben und Freundschaften zu schließen.
- sich in andere hineinzuversetzen und Empathie zu lernen.
- andere zu kritisieren, ohne die Person herabzusetzen.
- anderen zu helfen und Hilfe anzunehmen.
- Konflikte auszutragen und Kompromisse zu suchen.
- negative Einflüsse zu erkennen und abzuwehren.
- zwischen Verweigerung und Anpassung zu handeln.
- sich von den Normen der Autorität oder einer Gruppe zu distanzieren.
- Anträge zu stellen und Verhandlungen zu führen.

Erkenntnisse

ICH-Stärke ist die Fähigkeit,

- das Übungsfeld einer Rolle kompetent zu nutzen.
- Konflikte auszutragen und Kompromisse einzugehen.
- Frustrationstoleranz zu erwerben und Empathie zu entwickeln.
- in Lern- und Arbeitssituationen die Befriedigung von Bedürfnissen aufzuschieben.
- eine Fehlleistung zu kritisieren, ohne die Person herabzusetzen.
- das Eingeständnis einer Fehlleistung nicht als Schwäche, sondern als Stärke anzusehen.

5.3 Das ICH und die soziale Identität

Die soziale Wirklichkeit ist voller Konflikte. Wirtschafts- und Finanzkrisen, Welthungerkrise, Coronakrise im Ausmaß einer Pandemie, Kriege mit immensen Zerstörungen und unsäglichem Flüchtlingselend. Die Presse hat sich das Unwort »Flüchtlingskrise« zu eigen gemacht, obwohl nicht die Menschen, die fliehen, das Problem sind, sondern der Krieg mit Gefahren für Leib und Leben. Flüchtlinge sind Opfer und nicht die Verursacher einer Krise.

Viele soziale Rollen konfrontieren die Menschen mit einem Muss, das sie nicht wollen. Wer hat denn das Bedürfnis, Waffen herzustellen und Panzer und Kriegsschiffe zu bauen? Wer den Willen, Umweltgifte zu produzieren, die das Trinkwasser für Mensch und Tier verseuchen?

Die Menschen haben nicht Sinn und Unsinn der Produkte im Kopf, die sie herstellen, sondern das Einkommen, das sie erzielen. Entfremdung des Menschen von sich selbst. Menschen, die sich nicht mehr darauf besinnen, dass die Herstellung der

Produkte eigentlich der Befriedigung menschlicher Bedürfnisse
dienen soll. Biologie – das klingt nach Natur und Erhaltung
des Lebens. Kann aber eine Seifenblase der Illusion sein.

Beispiel: Grundlagenstudium und die Berufsfindung

Wenn Knut Jensen an Biologie dachte, hatte er Umweltschutz
und Bio-Produkte im Kopf, bis die soziale Wirklichkeit ihn
einholte. Er ging zum Studium an die Universität Kiel. Grundlagenstudium der Biologie mit einer Berufsfindung, die in einer
eigenen Phase später erfolgen sollte.

Er heiratete eine Lehrerin, die mit großer Selbstverständ-
lichkeit bereit war, für den Lebensunterhalt zu sorgen. Diese
Entscheidung war so lange kein Problem, bis ihr gemeinsamer
Sohn geboren wurde. Dann wurde sie immer unzufriedener, bis
sie ihm eines Tages mehrere Fachzeitschriften auf den Schreibtisch legte, in denen sie die Stellenausschreibungen angekreuzt
hatte, die im weitesten Sinne für Biologen in Frage kamen.
Heimliche Aufforderung, nunmehr an den Einstieg in einen
Beruf zu denken. Lebensmittel- und Pharmaindustrie.

Er machte ein Praktikum und fand bestätigt, was er immer
befürchtet hatte. Verwendung von Farbstoffen. Einsatz von
Konservierungsmitteln. Mehr Chemie als Biologie. Noch dazu
viele Arbeitskräfte im Niedriglohnsektor. Alles Tatsachen, die
seinen Überzeugungen zutiefst widersprachen.

Persönliche Identität und soziale Identität im Widerstreit.
Er bewarb sich nicht und sah die Folgen in den Augen seiner
Frau. Stumme Vorwürfe, dass er der Verantwortung und den
Pflichten gegenüber seiner Familie nicht nachkam.

Eines Tages fand die Haushaltshilfe mehrere leere Kognak-
flaschen in seinem Schreibtisch. Knut war Alkoholiker, auch
wenn er noch weit davon entfernt war, sich diese Krankheit
einzugestehen. Als seine Frau die Scheidung einreichte, brach
für ihn eine Welt zusammen.

Er begann in einem alten Schafstall vor den Toren der Stadt zu töpfern und zu malen. Durchaus mit Talent und Erfolg, sodass er hin und wieder sogar das eine oder andere Kunstwerk verkaufen konnte. Doch an eine gesicherte Existenz war so nicht zu denken.

Als man ihn fand, war er schon seit Stunden tot. Er hatte eine Überdosis Schlaftabletten genommen. Er war erst vor wenigen Tage vierzig Jahre alt geworden.

* * *

Ein Grundlagenstudium ist kein berufsqualifizierendes Studium. Was zunächst als wissenschaftliche Freiheit erlebt wird, kann sich hernach als Bumerang erweisen, wenn die soziale Wirklichkeit die Universität erreicht. Anfangs die unbegrenzten Möglichkeiten der Forschung und Lehre und am Ende die Einbindung in die Enge und Zwänge eines Berufes, den die Studierenden gar nicht auf Sicht hatten. In Schule, Industrie und Verwaltung. Berufe können mit Auflagen verbunden sein, die den Bedürfnissen der Tätigen zuwiderlaufen.

Erkenntnisse
ICH-Stärke ist die Fähigkeit,
- eine Balance zwischen den eigenen Bedürfnissen und den gesellschaftlichen Anforderungen herzustellen.
- eigene Interessen zu erkennen und sie in Solidarität mit anderen umzusetzen.
- nach der wissenschaftlichen Freiheit von Forschung und Lehre mit den Zwängen eines Berufes nach den ökonomischen Prinzipien des Marktes kritisch umzugehen.
- Konflikte zwischen der persönlichen und der sozialen Identität durchzustehen.

6.
Wie das ICH mit der
eigenen Sozialisation umgeht

6.1 Erziehungsmodelle

Zwei Modelle der Erziehung stehen sich gegenüber, die normensetzende und die normenaushandelnde Erziehung.

Tab. 8: Normensetzende und normenaushandelnde Erziehung

Kriterien	Normensetzende Erziehung	Normenaushandelnde Erziehung
1. Initiierung des Verhaltens	Die Autorität ordnet die Handlungen und das Verhalten an und fordert Verhaltensgehorsam	Autorität und Adressaten erstellen gemeinsam einen Handlungs- und Verhaltensplan
2. Eingabe der Verhaltensnormen	Verhaltensvorschriften ohne Begründung der Normen	Partnerschaftliche Festlegung begründeter Verhaltensregeln
3. Transparenz	Legitimation durch die Erzieherpersönlichkeit kraft ihrer Autorität	Legitimation durch demokratische Entscheidungen aller Beteiligten
4. Autoritätsbeziehungen	Hierarchische Strukturen	Symmetrische Beziehungen Flache Hierarchie
5. Kontrolle des Verhaltens	Kontrolle durch die Autorität	Selbstkontrolle aufgrund der eingangs verabschiedeten Regeln
6. Feedback	Verhaltensbeurteilung durch die Erzieherpersönlichkeit kraft ihrer Autorität Verhaltenskorrektur	Partnerschaftliche Rückkopplung zu den Verhaltensregeln im Handlungs- und Verhaltensplan

Um ein Verhalten aufklären zu können, müssen zwei Kriterien beachtet werden: Zum einen muss nach der Gültigkeit der Norm und zum anderen nach deren Befolgung durch die Adressaten gefragt werden.

In der normensetzenden Erziehung wird die Gültigkeit der Norm ohne Begründung unterstellt. Sie legitimiert sich kraft der Autorität der Erzieherpersönlichkeit und bleibt für die Adressaten blind. Zur Bewertung des Verhaltens wird allein kontrolliert, ob letztere die Verhaltensvorschrift eingehalten haben.

Demgegenüber wird in der normenaushandelnden Erziehung zunächst überprüft, ob eine Norm von allen Beteiligten als gültig anerkannt wird, und erst dann bewertet, ob die Adressaten dieser Norm gerecht geworden sind. Die Legitimation ergibt sich aus dem demokratischen Einverständnis aller Beteiligten.

Nicht selten kommt es zu Milieubrüchen: Wenn ein Kind mit Erfahrungen einer offenen liberalen Erziehung im Elternhaus in Erziehungsverhältnisse der Schule kommt, in der Verhaltensvorschriften gelten, die mit den Adressaten nicht abgestimmt werden, kann es zu einer Distanzierungsstörung kommen. Das Kind hat gelernt, sich von einer Verhaltensvorschrift distanzieren und diese infrage stellen zu dürfen, und macht nunmehr die Erfahrung von Denkverboten. Mit der Folge, dass die Unterdrückung des Freiheitsstrebens des Kindes Ängste und Depressionen hervorrufen kann.

Ein zweiter Konflikt im Erziehungsprozess kann die Orientierungsstörung. sein. Diese kann ausgelöst werden, wenn das Kind aus dem Elternhaus Erfahrungen mit straffen Ordnungsvorgaben und dem Verbot mitbringt, diese nicht infrage stellen zu dürfen, in offene liberale Erziehungsverhältnisse der Schule kommt, mit denen es nicht umgehen kann. Denn da das Kind keine Selbststeuerung und Selbstdisziplin gelernt hat, weiß es bei Wegfall der Verhaltensvorschriften nicht, was es tun soll, und kann ins Chaotisieren abrutschen.

Zur Lösung der Probleme, die mit beiden Störungen verbunden sind, ist es ratsam, die pädagogische Praxis auf das Modell der normenaushandelnden Erziehung umzustellen, nicht zuletzt auch deshalb, weil die Schulen auf die Lebensform der Demokratie vorbereiten sollen.

Darüber hinaus gehört zur ICH-Stärke das Recht, an den Entscheidungen über Normen beteiligt zu werden und das eigene Handeln und Verhalten an dem Prinzip der Selbstkontrolle und der Selbstdisziplin auszurichten.

Die größte Bedeutung für die Entwicklung der Persönlichkeit hat nach wie vor das Netz der sozialen Beziehungen im Umfeld von Elternhaus, Schule und Freizeit, wenn auch die Außenerzieher Markt und Medien und die sozialen Medien im Internet deutlich an Einfluss gewonnen haben. Nur die unmittelbare Interaktion des Individuums entscheidet darüber, ob es empathie- und konfliktfähig und in der Lage ist, konstruktive soziale Bindungen einzugehen. In Rollen, die noch nicht die ganze gesellschaftliche Realität abbilden, doch immerhin ein intensives Probehandeln ermöglichen. Im Austesten von Konflikten, im Provozieren und Argumentieren, im Aushandeln von Kompromissen und im Suchen nach kreativen Lösungen, in denen Abweichungen keine Störung, sondern das Ausloten einer Alternative sind. Die Schule des Lebens ist die Schule.

Neben Elternhaus und Schule, denen ursprünglich allein die Sozialisation oblag, sind seit den späten 1950er Jahren des Wirtschaftswunders Markt und Medien als Außenerzieher getreten und haben gleichzeitig die Akzente in diese Richtung verschoben. Ab dem neunten Lebensjahr der Kinder haben die Modetrends in den Peergroups mehr Einfluss auf deren Orientierung als Vater und Mutter.

Gegenwärtig gewinnen Computerspiele und die sogenannten sozialen Medien wie facebook an Bedeutung. Die äußere Handlung der Computerspiele ist banal, die vermittelten Leitbilder sind es nicht. Letztere sind Idenfikationsaufhänger besonderer Art: Einübung in Hierarchien und gewaltförmiges Verhalten. In harter Schnitttechnik, die eine oberflächliche Wahrnehmung begünstigt.

Wer in der sozialen Realität auf der Verliererseite ist, kann im Computerspiel per Identifikation mit den vermeintlich Starken eine Selbsterhöhung versuchen, die ihm hernach eine Scheinwirklichkeit vorgaukelt und seine ICH-Schwäche verschleiert. Ein Mensch mit ICH-Stärke würde danach streben, in der Realität erfolgreich zu sein.

Die sozialen Medien suggerieren eine Nähe, die nicht vorhanden ist, und eine Intimität, in der die Schamgrenzen zunehmend fallen. Jugendliche vertrauen sich anderen an, ohne sie zu kennen, in der Sehnsucht, wahrgenommen zu werden. Tatsächlich führt dieses Verhalten zu einer Veräußerlichung der zwischenmenschlichen Beziehungen und zu einem Missbrauch an sich wahrer Bedürfnisse nach Wertschätzung und Beachtung. Fremdbestimmte Selbstdarstellung für die mediale Quote.

In all diesen Abläufen muss eine kollektive ICH-Schwäche konstatiert werden, die nicht erkannt wird und als neue Normalität gilt, während Kritiker als »aus der Zeit gefallen« angesehen werden.

Erkenntnisse
ICH-Stärke ist die Fähigkeit,
- der mündigen Persönlichkeit das Recht auf Selbststeuerung des eigenen Verhaltens zuzugestehen.
- dafür einzutreten, die pädagogische Praxis zur Vermeidung von Distanzierungs- und Orientierungsstörungen an dem Modell der normenaushandelnden Erziehung auszurichten.

- dem Modell der normenaushandelnden Erziehung zur Vorbereitung auf demokratische Lebensformen Geltung zu verschaffen.
- allen Menschen das Recht einzuräumen, sich Autoritäten gegenüber kritisch zu verhalten.

6.2 Die Menschenrechte des Kindes

Das Leben beginnt mit einem Schock. Mit dem Geburtstrauma. Das Kind wird aus der Wärme und Geborgenheit des Mutterleibes hinausgestoßen – in eine kalte und fremde Welt. Aus dem Paradies verstoßen. Doch wenn die Mutter da ist, tritt an die Stelle der kreatürlichen Einheit die psychische Einheit – die Mutter-Kind-Symbiose, die für den Säugling die emotionale Erfahrung bedeutet, durch eine soziale Nabelschnur mit der Mutter verbunden zu sein und zu bleiben. Der soziale Uterus. Freilich ohne Bestand, da die Mutter auch noch andere Beziehungen hat – zu sich selbst, zu ihrem Partner und zu allen Mitgliedern der Familie. Das Kleinkind muss also lernen, dass die Mutter zuzeiten abwesend ist und ihm Verlust- und Trennungsängste bereitet, sodass die Beziehung zu ihr ambivalent wird. Die geliebte anwesende und die treulose abwesende Mutter. Angstschreie und Frustrationen, die alsbald, wenn die Mutter nicht kommt, in Hassgefühle umschlagen und das Trennungserlebnis noch verschärfen können. Die geliebte Mutter. Die abwesende Mutter. Die gehasste Mutter.

Beispiel: Inas Trauma

Ina (35, Lehrerin) ist allseits beliebt und gut in ihre Freundesgruppe Integriert, Kolleginnen und Kollegen der Volleyballmannschaft ihrer Schule. Seit Längerem bildet sich eine

Tradition heraus, die wenigen freien Tage der Pfingstpause zu einem gemeinsamen Kurzurlaub zu nutzen. Mal Spiekeroog, die schönste der ostfriesischen Inseln, mal die Ostsee. Im Jahre 2019 ist die Wahl auf Maasholm an der Schleimündung gefallen. Von Bremen aus gut zu erreichen. Wenige Kilometer Autobahn, zwei Tunnel zur Querung von Elbe und Nord-Ostsee-Kanal – kein Problem. Für Ina schon, da sie an einer Tunnelphobie leidet und deshalb sogar überlegt, ihre Teilnahme an dem Ausflug abzusagen.

In Ina keimt die Sorge auf, dass sie die Freundesgruppe mit ihrem Tunnelsplin nerven könnte. Doch sie überwindet sich. Ina sitzt auf dem Rücksitz und ist bester Laune, bis sie – kurz vor dem Elbtunnel – verstummt.

Ihr Herz rast. Ihre Schläfen hämmern. Angstschweiß auf der Stirn. Dann unter Tränen das Geständnis, dass sie sich den zweiten Tunnel – Querung des Nord-Ostsee-Kanals – nicht zutraut.

Umplanen, neu planen. Sie beschließen, auf eine der Kanalfähren auszuweichen, ohne zu ahnen, dass sie dort das zweite Problem einholt – ein mehrere Kilometer langer Stau. Am Abend beichtet Ina, welches Trauma sie in ihrer Kindheit erlitten hat.

Inas Mutter war eine erfolgreiche Geschäftsfrau. Schreib- und Papierwaren. Bürobedarf. Ihr Freundeskreis bewunderte, wie sie alles im Griff hatte. Die Verantwortung einer alleinerziehenden Mutter, die kleine Familie, den Haushalt und das Geschäft, in dem alles in einer Hand war, Einkauf, Verkauf und Buchhaltung. Ihr Alltag funktionierte. Nur Ina funktionierte nicht.

Ina kämpfte um ihre Anerkennung. Bei Tisch zappelte sie auf ihrem Stuhl herum und versuchte sich im letzten Augenblick – wenn sie fiel – am Tischtuch festzuhalten, das sie dann mit allem, was darauf stand, zu Boden riss. Mutter rang die

Hände und weinte und hatte keine Zeit, den Schaden sofort zu beheben, da sie ins Geschäft musste.

Ina verstreute ihre Kleidungsstücke in der ganzen Wohnung und bekam Tobsuchtsanfälle, wenn Mutter sie ermahnte. Ina zerkratzte den neuen Ganzkörperspiegel in der Diele und konnte sich – wenn Mutter sie zur Rede stellte – an nichts erinnern. Ina war sieben Jahre alt und hatte von Anfang an große Schwierigkeiten in der Schule. Nicht im Lernbereich, da sie ein intelligentes Mädchen war. Doch im Verhaltensbereich gab es Phasen, in denen sie jede Kontrolle über sich selbst verloren hatte.

Inas Mutter war mit ihrem Erziehungslatein sehr schnell am Ende und ergriff in ihrer Not Maßnahmen, von denen Ina nicht wusste, ob sie diese später jemals bedauert hat. Mutter sperrte ihre Tochter – manchmal nur für Augenblicke und manchmal für Stunden – in den Keller ein. Dann weinte Ina sich die Augen rot, bis sie brannten, fand jedoch bei Mutter kein Erbarmen.

Ina erlitt eine Klaustrophobie, von der sie sich trotz intensiver Therapie ein Leben lang nicht erholte. Jede Tunnelfahrt führte sofort zu einer Reaktivierung dieser psychischen Störung. Auf der Rückreise von Maasholm an der Schlei nach Bremen musste die kleine Freundesgruppe mit Rücksicht auf Ina die Fähren über den Nord-Ostsee-Kanal und die Elbe nehmen.

* * *

Die Psychotherapie weiß um die Brisanz des Dramas, das auf der Bühne der Vergangenheit sichtbar wird, wenn sich der Vorhang der Verdrängung hebt. Dann kehren Vater und Mutter und andere Identifikationspersonen der Kinder und Jugendlichen wieder, die Einfluss auf deren Entwicklung hatten. Doch meist so, dass Kritik tabuisiert wird. Erziehung läuft in der Regel nach dem Muster »Mehr des Gleichen« ab. Wohlverhalten wird mit Lob und Anerkennung, Fehlverhalten mit Tadel und Strafe beantwortet. In beiden Fällen ein Reiz-Reaktions-Schema ohne tieferen Erkenntniswert, obwohl in Elternhaus und Schule das Erziehungsziel der Selbstbestimmung, der Selbstständigkeit und der Unabhängigkeit der Persönlichkeit postuliert wird.

Strafen, die ein Kind traumatisieren können, sind ein Verstoß gegen die Menschenrechte des Kindes, die nicht nur öffentlich bekundet, sondern vor allen Dingen in den Köpfen der Menschen verankert werden müssten.

Doch Inas Mutter empfand keine Schuld. Sie hat sich vielmehr Zeit ihres Lebens als Opfer des Verhaltensterrors ihrer Tochter gesehen und hatte nicht die ICH-Stärke zu erkennen, dass Erziehungsstörungen Beziehungsstörungen sind und nicht ihre Ursache im Kinde haben.

Die Einsicht, selbst Teil des Problems zu sein, schien ihr wie vielen Eltern und Lehrer*innen so unerträglich, dass sie alle Kraft darauf verwandte, diese abzuwehren und das Problem als Schuld in das Kind hineinzuprojizieren. Die Lösung scheint dann in der Verhaltensänderung des Kindes zu liegen und nicht in der Notwendigkeit, die Beziehung zu verbessern.

Erkenntnisse

ICH-Stärke ist die Fähigkeit,

- sich für das Menschenrecht des Kindes einzusetzen, sich nach den eigenen Bedingungen und Bedürfnissen entwickeln zu können.
- nachhaltig zu kritisieren, Erziehungsprobleme als Schuld in das Kind hineinzuprojizieren.
- der Erkenntnis Nachdruck zu verleihen, dass die Autorität selbst Teil des Problems ist.
- für die Einsicht einzutreten, dass eine Verhaltensstörung eine Beziehungsstörung ist.

- eine Verbesserung der Beziehung zwischen der Erzieherpersönlichkeit und dem Kind anzumahnen, wenn dessen
  Verhalten verbessert werden soll.
- sich bewusst zu machen, dass zur Aufarbeitung von Traumata eine selbstreflexive Aufklärung der eigenen Sozialisation notwendig ist.

6.3 Kindheit und Entfremdung

Kinder gehören uns nicht. Sie gehören nur sich selbst. Deshalb
steht die Erziehung in der Verantwortung, die Entwicklung des
Kindes nach seinen eigenen Bedürfnissen und Fähigkeiten zu
unterstützen und nicht für fremdbestimmte Ziele zu instrumentalisieren.

Beispiel: Das fremde Kind
Sven Sommer war ein Adoptivkind. Seine leiblichen Eltern,
Vater junger Doktorand und Mutter Studentin, sahen keine
Möglichkeit, eine eigene Familie zu gründen, und gaben das
Kind zur Adoption frei.

Der Adoptivvater war Eigner einer Maschinenfabrik und
suchte einen Erben für seine Firma. Von der Liebe zu einem
Kind und der Freude, es aufziehen zu dürfen, konnte keine
Rede sein.

Die Adoptivmutter hatte die Vorstellung, sich über die
Leistungen ihres Sohnes in der Gesellschaft der Akademiker
zu legitimieren, da ihr selbst mit geringen Bildungsabschlüssen
diese Legitimation fehlte. Die Adoptiveltern hielten es für ihr
gutes Recht, feste Pläne zu entwerfen, nach denen ihr Sohn
sich entwickeln sollte. Nach ihren Zielen und Vorgaben, nicht
nach den Möglichkeiten, die das Kind mitbrachte. Modell der
fremdbestimmten Erziehung.

Als der Junge mit sechszehn Jahren erfuhr, dass die Eltern nicht seine leiblichen Eltern waren, erlebte er diese Mitteilung zunächst als Schock, als narzisstische Kränkung, von den eigenen Erzeugern verstoßen worden zu sein. Er unternahm den Versuch, seine leibliche Mutter ausfindig zu machen, und bereute diesen Schritt bitter. Als er an der unbekannten Haustür geklingelt hatte, stand eine wildfremde Frau vor ihm, die ihn kritisch musterte. Es gelang ihm gerade noch, sich für die Störung zu entschuldigen unter dem Vorwand, dass er sich in der Hausnummer geirrt habe. Dann kehrte er deprimiert nach Hause zurück.

Er suchte einen Therapeuten auf, der ihn ermutigte, den Weg der selbstreflexiven Aufklärung seiner eigenen Sozialisation zu wagen. Selbstklärung. Denn der Therapeut kann nur heben, was der Patient als Lösung schon in sich trägt. Die einzuschlagenden Wege muss der Ratsuchende selber finden und gehen.

Sven hat nach dem Abitur das Elternhaus verlassen, sich von allen emotionalen Bindungen distanziert und nur formale Kontakte aufrechterhalten.

Fast gleichzeitig traten zwei Ereignisse ein, die der Familiengeschichte eine dramatische Wendung gaben. Es zeichnete sich der Konkurs der Firma ab, und die Adoptivmutter erhielt von ihrem behandelnden Professor des nahegelegenen Klinikums die Diagnose, dass sie unheilbar an Krebs erkrankt sei.

Der strategisch kluge Geschäftsmann überschrieb das gesamte Familienvermögen – mehrere Häuser, Grundstücke und Geldvermögen – auf seinen Adoptivsohn und hielt es so aus der späteren Konkursmasse heraus. Gleichzeitig übertrug er das Eigentum an der Firma auf seine schwerkranke Frau, die wenig später eine Unmenge an Schulden mit ins Grab nahm. Kapitalismus fragt nach Verträgen, nicht nach Gefühlen. Der Geschäftsmann entschuldete sich durch den Tod seiner Frau.

Sven gelang es, die Ambivalenzen von seiner Person fernzuhalten, auch die Familienbelange seiner leiblichen Eltern, in die er kurz vor seiner Hochzeit irgendwo in Deutschland Einblick nahm. Er hatte zwei Familien, die jedoch nur per Vertrag mit ihm zu tun hatten. Die Abspaltung von seiner Persönlichkeit war perfekt.

Svens Therapeut ermutigte ihn, die bemerkenswerte Summe, die er geerbt hatte, als eine Art Wiedergutmachung zu verstehen für die Traumata, die er in der Adoptivfamilie erlitten hatte. Auch hier die Trennung von Geschäft und Gefühl, als er eine eigene Firma gegründet hatte.

In seinem Arbeitszimmer stand ein Gummibaum, der letzte Spross aus der Züchtung seiner Adoptivmutter. Er nannte ihn den Baum der Erinnerung, obwohl er alle Erinnerungen gelöscht hatte. Schweigend begoss er ihn, nachdem sein Therapeut ihm erklärt hatte, was unter einer Ersatzhandlung zu verstehen war.

* * *

Die Familie, die Schule, die Arbeitswelt – die Krankmacher der Gesellschaft, sodass der psychisch belastete Mensch sich einem Therapeuten anvertrauen muss. Einem Therapeuten, der als Reparaturbetrieb des Systems tätig wird, um den Menschen wieder funktionsfähig zu machen und die systemischen Verhältnisse zu belassen, wie sie sind. So die Position der wertneutralen Psychologie, die den psychisch Kranken als Problem ansieht und nicht die Verhältnisse, die die Auslösefaktoren verursacht haben. Das Individuum sei in der Pflicht, aus eigener Anstrengung wieder einsatzfähig zu werden.

Der Profiteur ist die Pharmaindustrie, die Unmengen an Psychopharmaka beisteuert und die betroffene Person zu einem behandelten Menschen macht, obwohl sie eigentlich ein handelnder Mensch sein sollte. Hier setzt die Identitätspsychologie ein, die eine Lösung der Konflikte auf der Grundlage der reflexiven Aufklärung der eigenen Sozialisation des Menschen versucht.

Erkenntnisse

ICH-Stärke ist die Fähigkeit,

*   sich selbst und anderen zuzugestehen, sich von den Erziehungsfehlern des Elternhauses zu distanzieren.
*   für die Überzeugung einzustehen, dass Kinder nur sich selbst gehören und nicht von ihren Fähigkeiten und Bedürfnissen entfremdet und für fremdbestimmte Ziele instrumentalisiert werden dürfen.
*   kritisch zu hinterfragen, dass Menschen nicht selten zur Bewältigung psychischer Probleme – meist unbewusst – zu Ersatzhandlungen neigen.
*   für die Haltung einzutreten, dass der Mensch kein behandelter, sondern ein handelnder Mensch sein soll.

7.
Wie das ICH
mit sich selbst umgeht

7.1 Das kreative ICH

Kreativität heißt, in Alternativen zu denken und nicht auszuschließen, dass auch Umwege und Irrwege Lernwege sind.

In der traditionellen Erziehung werden rigide Normen vorgegeben, zum einen für die Ausführung sachlicher Lernaufgaben und zum anderen für die Einhaltung sozialer Regeln. Abweichungen vom Normalverfahren gelten als inkorrekt und Verstöße gegen Verhaltensvorschriften als Fehlverhalten.

Der Außendruck erzeugt innere Spannungen, die sich im Ausrasten von Kindern und Jugendlichen ein Ventil suchen. Die Erziehung scheitert an den Problemen, die die selbst verursacht hat.

Demgegenüber sind nach den Prinzipien der Kreativität Pläne eine Arbeitsgrundlage und kein Dogma. Wenn sich während der Umsetzung flexiblere Lösungen als die ursprünglich vorgesehenen abzeichnen, ist es sinnvoll, diese innovativ in den Plan aufzunehmen. Wer einen Plan A hat, sollte sich einem Plan B nicht von vornherein versperren.

Beispiel: Das ICH und die Kreativität
Die Prüfungslektion des Lehramtskandidaten zum Thema »Das Marktgeschehen in der mittelalterlichen Stadt« hatte eine

überzeugende Struktur: Vom Bild und Text zum Schema und Begriff. Didaktisches Verfahren des induktiven Lernens.

Doch die Struktur ist nach drei Minuten außer Kraft. Nicht aus didaktischen, sondern aus technischen Gründen. Mit einem leisen Knall brennt im Flur der Schule die Sicherung durch, sodass der Seitenflügel ohne Strom ist und der Overhead-Projektor zur Projektion des Einstiegsbildes ausfällt.

Kurze Irritation. Dann eine richtige Entscheidung. Während Lena zum Hausmeister geschickt wird, leitet der Kandidat die Gruppenarbeit ein. Inzwischen versucht der Hausmeister mit einem Verlängerungskabel die erste Steckdose im Hauptgang anzuzapfen und hat Erfolg. Der Overhead-Projektor läuft wieder.

Doch nun trifft der Kandidat eine kluge Entscheidung. Statt der Gefahr eines Methodenwirrwarrs der vorgesehenen Arbeitsmittel zu erliegen, hält er jetzt an der veränderten didaktischen Struktur fest: Vom Text und Begriff zum Schema und Bild. Deduktives Verfahren, in dem das Bild zum Anwendungsfall wird.

Der Kandidat schließt den Unterricht mit einem Dank an die Klasse, die gekonnt auf die Umstellungen reagiert habe.

Nun übertrifft auch der Prüfungsvorsitzende sich selbst, indem er vorschlägt, die gezeigte Lektion nur unter dem Aspekt zu betrachten, wie der Kandidat mit den Zwischenfällen umgegangen sei, und schlägt die Note »sehr gut« vor. Die Kommission stimmt zu.

* * *

Kreatives Denken entsteht nicht am sogenannten Normalfall, sondern am Unvorhergesehenen. An der Abweichung vom Gewohnten und an der Frage, wie aus dem Chaos eine neue Struktur erwachsen kann. Im traditionellen Denken gilt die Aussage, dass jemand vom Wege abgekommen oder aus der

Bahn geworfen worden sei, als Zeichen einer Unfähigkeit, während nach den Prinzipien der Kreativität darin eine Lernchance gesehen wird. Kreativität ist Lust an fantasievoller Gestaltung.

Erkenntnisse

ICH-Stärke ist die Fähigkeit,

- die Abweichung von der Norm nicht als Fehlleistung, sondern als Lernchance wahrzunehmen.
- eine gegebene Planung kreativ umzustrukturieren und nicht starr, sondern innovativ und flexibel umzusetzen.
- in Alternativen zu denken.

7.2 Das gestörte ICH

Die Geschichte, die Gesellschaft und die Psyche des Menschen sind widersprüchlich. Krieg und Frieden. Armut und Reichtum. Ohnmacht und Herrschaft. Hass und Liebe. Unterdrückung und Freiheit. Die Fliehkräfte zusammenzuhalten, ist das ICH oft überfordert. Der Beispiel sind viele. Friedrich Hölderlin, ein Dichter der Aufklärung, versinkt im Wahnsinn. Friedrich Schiller, der unruhige Geist in Weimar, lebt in einem Körper, der nur 45 Jahre standhält. Heinrich von Kleist, Dichter zwischen Klassik und Romantik, erschießt sich am Wannsee. Robert Schumann, Musik für die Menschheit, versucht sich im Rhein zu ertränken und verdämmert in geistiger Umnachtung. Jakob Michael Reinhold Lenz, ein Großer der Bühne, stirbt nächtens auf einer Straße in Moskau. Der Tod eines Genies – erst 41 Jahre alt.

Das Leben dieser Repräsentanten der Kultur ist wie ein aufgeschlagenes Buch, in dem die Nachwelt lesen kann. Nicht zuletzt ist es ein Übungsfeld zur Analyse der Wechselwirkung zwischen Individuum und Gesellschaft. Psychoanalyse der Gesellschaft und Gesellschaftsanalyse einzelner Menschen. Entdeckung der Macht der Störungen, die sich im Wesen dieser Großen widerspiegeln. Mit Erkenntnissen für die Selbstanalyse eines jeden ICHs.

Jakob Lenz (1751-1792), Zeitgenosse Goethes und Dramatiker des Sturm und Drang, hat zwei große Dramen geschrieben, »Der Hofmeister« und »Die Soldaten«, die beide auf den Bühnen der Gegenwart kaum noch gespielt werden.

Größer als die Werke, die er schrieb, ist das Drama seines Lebens, sodass er dem interessierten Publikum heute eher als literarische Figur denn als Dichter bekannt ist.

Jakob Lenz wird von Georg Büchner (1813-1837) zur zentralen Figur seiner berühmten Novelle »Lenz« gemacht, die wiederum die wichtigste Quelle einer der erfolgreichsten Opern der Moderne, der Oper »Jakob Lenz« von Wolfgang Rihm (*1952) ist. Beide Werke befreien Jakob Lenz aus den Fesseln der Vergessenheit.

Beispiel: Jakob Lenz – die Zerstörung einer Persönlichkeit

Lenzens Psyche ist in doppelter Weise gespalten. Er kann weder den Riss zwischen Außen- und Innenwelt noch in seinem Innern die Spannung zwischen ÜBER-ICH und ES ausbalancieren.

Den Außendruck erzeugt vor allen Dingen sein Vater – ein hartherziger und freudloser Pfarrer, der den einfachen Menschen als Personifizierung des Strafgerichts Gottes erscheint. Das schlechte Gewissen als Zuchtmeister der Unterdrückung. Spätfeudale Herrschaft einer Minderheit über eine entmündigte Mehrheit in Leibeigenschaft und Knechtschaft im damaligen Livland. Eine Unterdrückung, die von einem reaktionären Protestantismus als natürliche und gottgewollte Ordnung gerechtfertigt wird.

Hilflos erleidet Jakob Lenz die Gewalt, die sein Vater ausübt und zu der es nicht selten gehört, die Menschen öffent-

lich auszupeitschen. Ohnmächtig erlebt er die Erniedrigung
des einfachen Volkes, das von Bildung und Aufklärung ausgeschlossen und in starrer Hierarchie auf die unteren sozialen
Rangplätze verwiesen wird. Folge des vermeintlich naturbe-
dingten Mangels an Begabung. Der Strenge des Vaters und
dessen Verhaltens- und Leistungsanforderungen ist Jakob Lenz
nicht gewachsen. Das ihm aufgezwungene Theologiestudium
bricht er ab.

   Am Ende steht er ohne Abschluss, ohne Beruf und ohne
dauerhafte Anstellung da. Die Folge ist eine Etikettierung als
Versager, die eine narzisstische Kränkung – Schwächung des
Selbstbewusstseins und des Selbstwertgefühls – bewirkt.

                                    * * *

Kränkungen, Enttäuschungen, Misserfolge. Lenz wirbt um
Friederike Brion, die Tochter eines Landpfarrers und eine frühe
Geliebte Goethes, und erfährt den Schmerz, den eine unerfüll-
te Liebe auslöst. Sodann setzt er seine Hoffnungen auf Goethe,
der ihm Freundschaft versprochen und nicht gehalten hat. Er
geht nach Weimar und wird bitter enttäuscht. Nach Kontroversen um die Bewahrung oder Reform des Militärwesens –
Goethe als Vertreter des Status Quo und Lenz als Reformer
– endet die vermeintliche Freundschaft in einem Zerwürfnis,
das schließlich den inzwischen zum Staatsminister ernannten
Goethe veranlasst, Jakob Lenz im Jahre 1776 aus Weimar aus-
zuweisen. Für Lenz eine schwere Demütigung, die von Herder
1779 noch verstärkt wird, als dieser Lenzens Bewerbung um
eine Anstellung an der Rigaer Domschule hintertreibt und in
einem Gutachten unverblümt dessen Nichteignung zum Ausdruck bringt.

   Indem durch diese frustrierenden Erfahrungen die Bedürfnisse nach Wertschätzung, Anerkennung und Zugehörigkeit

nicht befriedigt werden, erhöht sich der psychische Innen-
druck, dem das schwache ICH letztlich erliegt.

Das ICH verinnerlicht die negativen Zuschreibungen und
baut eine negative Identität auf, die sich in Selbstbezichtigungen
äußert. Lenzens ICH wird zwischen den gesellschaftlichen Anforderungen und einem übermächtigen ÜBER-ICH einerseits
und seinen unbefriedigten Bedürfnissen andererseits erdrückt.

Schrei- und Panikattacken. Fensterstürze als Suizidversuche.
Nächtliches Eintauchen in das eiskalte Wasser des Brunnens
vor dem Hause. Religiöser Wahn bis hin zu der Vorstellung,
Tote auferwecken zu können – mit der Verzweiflung darüber,
diese Fähigkeit nicht zu besitzen. Schwere Depressionen. Schi-
zophrenie.

Das Scheitern der Ich-Balance ist jedoch nicht die Ursache
des Wahnsinns, wohl aber dessen Auslöser – mit zunehmenden
Anfällen seit 1778.

Tab. 9: Die zerrissene Psyche des Dramatikers Jakob Lenz

Außenwelt Gesellschaftliche Verhältnisse Autoritätsverhältnisse Verhaltens- und Leistungsnormen	*ICH-Balance* zwischen Außen- und Innenwelt ◁――――▷	Innenwelt Selbstwahrneh- mung Selbstbewusstsein Selbstwertgefühl
	ICH-Schwäche: Jakob Lenz kann weder AUSSEN und INNEN noch ÜBER-ICH und ES ausbalancieren	
ÜBER-ICH Verinnerlichung der Autoritäten, Verinnerlichung der Verhaltens- und Leistungsnormen	*ICH-Balance* zwischen ÜBER-ICH und ES ◁――――▷	*ES* Bedürfnisse nach Wertschätzung, Anerkennung, Zugehörigkeit

Der »Fall Jakob Lenz« kann als paradigmatisch für viele psychische Störungen, Psychosen und Traumata angesehen werden. Wer sich darauf einlässt, kann die Tragweite der psychischen Zerstörung eines Menschen ermessen, wenn es diesem nicht gelingt, das eigene Selbst mit der Außenwelt und das Über-ICH mit dem eigenen ES zu versöhnen.

Die Erkenntnis, wie die Verweigerung von Zuneigung und Anerkennung, der Ausschluss aus der gesellschaftlichen Zugehörigkeit und narzisstische Kränkungen einen Menschen zurichten können, ist durchaus geeignet, für das menschliche Miteinander zu sensibilisieren. Zeitlose Lebenshilfe.

Erkenntnisse
Ich-Stärke ist die Fähigkeit,
- sich die Kriterien zur Analyse psychischer Störungen anzueignen.
- diese Kriterien am eigenen Selbst zu erproben.
- Anzeichen psychischer Beeinträchtigungen abzuwehren.
- zu erkennen und zu bewerten, dass dem Dichter Georg Büchner und dem Komponisten Wolfgang Rihm das Verdienst zukommt, den Dramatiker Jakob Lenz der Vergessenheit entrissen zu haben.

7.3 ICH-Identität

Freud hatte einst gesagt, dass das Kind der Vater des Erwachsenen sei. Alle Wert- und Normvorstellungen des Erwachsenen gehen auf die Kindheit zurück, in der die Erzieherpersönlichkeiten die Orientierung bestimmten.

Die Übernahme der Wert- und Normvorstellungen kann durch Imitation, Identifikation und bewusste Entscheidungen erfolgen. Für Kleinkinder ist die Imitation, für Schulkinder die

Identifikation und für Jugendliche eher die bewusste Wertentscheidung typisch. In der Phase der Identifikation findet die Verinnerlichung der Autorität zum Aufbau des Über-ICHs statt, bis sich die ICH-Balance in einem komplexen Netz äußerer gesellschaftlicher Anforderungen und innerer Bedürfnisse bewähren muss. Wenn die nachgeborene Generation sich nicht blind den Lebensorientierungen ihrer Eltern und Lehrer*innen bzw. den Einflüssen von Markt und Medien ausliefern will, muss sie sich der Anstrengung der Selbstreflexion stellen.

Ein Mensch mit ICH-Stärke kann als innengeleitete Persönlichkeit bezeichnet werden. Macht er sich jedoch in seiner Wertorientierung von den sogenannten Außenerziehern – Markt, Medien und sozialen Medien – abhängig, zeigt er ein außengeleitetes Verhalten – mit der Gefahr, sich fremdbestimmt instrumentalisieren zu lassen.

Tab. 10: Selbstreflexion

Kategorien	Vater (40 Jahre)	Sohn (18 Jahre)
Familienbild	Das Familienoberhaupt ist der Mann.	Mann und Frau sind zusammen Oberhaupt.
Frauenbild	Die Frau muss sich zurückhalten.	Die Frau hat die gleichen Freiheiten wie die Männer.
Erziehungsvorstellungen	Die Normen werden verordnet.	Die Normen werden ausgehandelt.
Politische Orientierung	Der Vater ist Mitglied der IG Metall.	Der Sohn ist Mitglied der Gewerkschaft Verdi.
Kunstverständnis	Kunst muss realistisch sein.	Kunst muss eine kritische Schule des Sehens sein.
Musikverständnis	Der Vater bevorzugt klassische Musik.	Der Sohn bevorzugt Pop-Musik.
Theaterverständnis	Eine Aufführung muss werkgetreu sein.	Eine Aufführung muss kritisch aktuell sein.
Urlaubsvorstellungen	Der Urlaub soll nur der Erholung dienen.	Der Urlaub soll auch Bildungsurlaub sein.

Wenn der Schulpsychologe eines großen Oberstufenzentrums in Bremen gefragt wurde, was unter ICH-Identität zu verstehen sei, verwies er auf den Schulsprecher Nino Neuhaus, der die Fähigkeit hatte, alle Identitäten in sich und seiner Person auszubalancieren, und eine Selbstsicherheit ausstrahlte, die von allen bewundert wurde. Er fragte nicht danach, was derzeit opportun war, und erlaubte sich eine Haltung, die dem Mainstream zuwiderlief.

Als der Beifall nach Ninos Wahl verrauscht war, hielt er in der Aula eine Rede, an die sich manche Mitschülerin und mancher Mitschüler ein Leben lang erinnern wird. Jedes Wort seiner Rede war wohlüberlegt.

Beispiel: Das mündige ICH

ICH – das ist der Kommunikationspartner, der sich nicht bevormunden lässt und anderen keinen Rat aufzwingt, sondern in einem Gespräch auf gleicher Augenhöhe herauszufinden versucht, welche Eigeninteressen dieser andere verfolgt.

ICH – das ist nicht der Schüler, der von einer Beratungsstelle zur anderen läuft und sich nicht entscheiden kann, welchen Weg er einschlagen soll, sondern einer, der sich entscheidet und zu seinen Entscheidungen steht. ICH – das ist nicht der Egoist, der nur auf seinen Vorteil bedacht ist, ohne an andere zu denken. ICH – das ist der Mensch, der seine Interessen kennt, kritisch überprüft und sie mit Gleichgesinnten solidarisch in die Praxis umsetzt. ICH – das ist ein Mensch, der weiß, dass der gesellschaftliche Reichtum das Ergebnis der gemeinsamen Arbeit aller ist und dass es für jeden recht und billig ist, seinen verdienten Anteil davon zu bekommen. ICH – das ist ein Mensch, der für alle an der Wertschöpfung der Gesellschaft Beteiligten das gleiche Recht an Wertschätzung fordert. ICH – das ist nicht der Mensch, der sagt, dass er stolz sei, ein Deutscher zu sein, sondern einer, der sich freut, ein Mensch zu sein. ICH – das ist nicht der Theaterbesucher, der sich im Parkett zurücklehnt und wartet, dass ihm die Bühne Erbauung beschere, sondern der Theatergänger, der mit andern zusammen fordert, dass das Theater ein Probehandeln sei, das besser Mögliche herauszufinden. ICH – das ist nicht der Wähler, der alle vier Jahre seine Kreuzchen malt und diese jedes Mal woanders hinsetzt, sondern der mündige Bürger, der seine Überzeugungen reflektiert hat und selbstbewusst vertritt. ICH – das ist nicht der Mensch, der im Mainstream willenlos und angepasst mitschwimmt, ohne eine eigene Haltung zu haben. ICH – das ist nicht der Zeitgenosse, der im Lehnstuhl sitzt und darauf wartet, dass ihm alle Entscheidungen abgenommen werden oder der allen Versprechungen opportunistisch nachläuft, sondern der politisch aufgeklärte Mensch, der selbstbestimmt sein Recht auf Beteiligung reklamiert und dieses verantwortlich handelnd wahrnimmt. ICH – das ist der Mensch, der weiß, dass alle Dinge in Gesellschaft, Politik, Kultur und Bildung von Menschen gemacht sind und auch von Menschen verändert werden können. ICH – das ist nicht der Mensch, der auf andere einredet, um sich selbst darzustellen, sondern der sich in andere hineinversetzt, von anderen her denkt und seine Rede teilnehmerzentriert gestaltet. ICH – das ist der Mensch, der weiß, dass er Fehler gemacht hat, und der zu seinen Fehlern steht und nicht versucht, das was falsch war, für richtig zu erklären. ICH – das ist nicht ein Mensch, der am Ende seines Daseins, wenn ihm die Luft zum Atmen fehlt und sein Herz müde geworden ist, an Maschinen angeschlossen werden will, um einige Tage länger zu leben, die kein Leben mehr sind. ICH – das ist nicht der Mensch am Ende seiner Tage, der sagt, dass sie ihn gehen lassen sollen, sondern der sagt, dass er nun gehen will. ICH-Stärke, das ist kein Geschenk, das einem Menschen in den Schoß fällt, sondern eine Aufgabe, an deren Lösung er ein Leben lang arbeiten muss.

* * *

Als Nino Neuhaus seine Ansprache beendet hatte, verließ er schnellen Schrittes den Raum, weil er nicht das Gefühl haben wollte, seine Rede für Beifall geschrieben zu haben.

Er hat Erkenntnisse zum Ausdruck gebracht, die jedem mündigen Menschen zur Ehre gereichen würden.

8.
Kleines Lexikon:
Personen, Werke und Schlüsselbegriffe

Alte Testament, Das
Das Alte Testament ist nach Schätzungen ca. 2500 Jahre alt und gilt den orthodoxen Gläubigen – mit Blick auf die darin überlieferten Zehn Gebote – als das wichtigste Gesetzbuch der Menschheitsgeschichte.

Der ehrwürdige Mose hält die Hand auf Bestimmungen, deren Bruch kein Vergehen, sondern eine Sünde ist. Sie regeln bis auf den heutigen Tag, wie die Menschen der Gegenwart ihre Feiertage begehen oder nicht begehen, die Beziehungen zwischen den Generationen ausrichten oder ihre Partnerbeziehungen gestalten. Der rote Faden, der sich durch alle Gebote zieht, ist das Diktum »Du sollst«.

Das partnerzentrierte Interaktionsmodell orientiert sich demgegenüber an einer symmetrischen Kommunikation in gleicher Augenhöhe, in der Normen nicht verordnet, sondern im gegenseitigen Einverständnis ausgehandelt werden. Über Fragen der Ethik und der Humanität entscheidet der gesellschaftliche Diskurs.

Ambiguitätstoleranz
Spielräume führen zu Mehrdeutigkeiten, die von den Einzelnen ausbalanciert werden müssen. Die Fähigkeit zu dieser Identitätsbalance wird in der Fachsprache des Symbolischen Interaktionismus als Ambiguitätstoleranz bezeichnet. Diese attestiert

einen gekonnten Umgang mit Fremdem und Andersartigem. Daran orientierte Theaterinszenierungen fordern das Publikum heraus, die eigenen Wahrnehmungsmuster zu überprüfen und neue Rezeptionsgewohnheiten zu entwickeln und zu erproben.

Das Politische des Theaters ist demgemäß nicht identisch mit dem Einholen der gesellschaftlich-historischen Bedingungen eines Werkes, sondern immer auch auf die Klärung des eigenen Bewusstseins bezogen. Wechselwirkung zwischen Subjekt und Objekt: Klärung eines Werks ist Klärung des Bewusstseins, und Klärung des Bewusstseins ist Klärung eines Werks.

Aneignung

Das Aneignungskonzept der Kulturhistorischen Schule versteht die Objekte als Vergegenständlichung kulturhistorischer Prozesse. Diese müssen von den Lernenden in verdichteter Form nachvollzogen werden

- als Rekonstruktion der Problemsituation, die vor der Umsetzung des Objekt bestand,
- als Simulation des Entstehungsprozesses, der das Objekt hervorgebracht hat, und
- als Würdigung der Fortschritte, die mit dem Objekt verbunden waren.

Das Thema würde deshalb nicht die »Die Eisenbahn« lauten, sondern »Planung, Ausbau und Nutzen des Eisenbahnsystems in Deutschland im 19. Jahrhundert«. Lernprojekte müssen generell prozessorientiert angelegt werden.

Beratung

Die Beratungskompetenz zeigt sich darin, in einem partnerschaftlichen Gespräch herauszufinden, welche Bedürfnisse und Interessen die ratsuchende Person einbringen möchte, ohne dieser die Vorschläge der Beraterin bzw. des Beraters überzustülpen.

Büchner, Georg

Georg Büchner (1813-1837) war ein deutscher Schriftsteller, dessen Dramen »Dantons Tod«, »Leonce und Lena« und »Woyzeck« noch heute oft gespielt werden. Woyzeck war das erste proletarische Theaterstück der Literaturgeschichte. Berühmt geworden ist seine Flugschrift »Der Hessische Landbote«, in der er unter der Parole »Friede den Hütten, Krieg den Palästen« die hessische Landbevölkerung zur Revolution aufruft. Bedeutend sind seine Briefe, darunter der »Fatalismusbrief« an seine Braut. Georg Büchner kommt das Verdienst zu, dass er mit seiner Erzählung »Lenz« dem (fast vergessenen) Dramatiker Jakob Lenz wieder einen Platz im Bewusstsein vieler Menschen verschafft hat.

Britten, Benjamin

Benjamin Britten (1913-1976) ist nach und neben Henry Purcell (1659-1695) der größte englische Komponist. Er hat viele erfolgreiche Opern geschrieben, darunter »Peter Grimes«, »Albert Herring«, »Billy Budd« und »Tod in Venedig«. Darüber hinaus hat sein »War Requiem« (1962) Weltgeltung erlangt.

Determinismus, Der

Der Determinismus unterstellt der Entwicklung des Menschen eine Zwangsläufigkeit, die unabänderlich sei. Weil die Verhältnisse so sind, wie sie sind, sei auch der betreffende Mensch so, wie er ist. Der Dichter Georg Büchner sah einst in seinem berühmten Fatalismusbrief (1834) »in den menschlichen Verhältnissen eine unabwendbare Gewalt, derzufolge der Mensch der festgelegte Mensch sei. Nur »Schaum auf der Welle«. Demgegenüber geht die dialektische Wissenschaft von der Wechselwirkung zwischen Individuum und Gesellschaft aus. Der Mensch gestaltet seine Lebenswelt, die prägend auf ihn zurückwirkt, ihn aber nicht unabwendbar festlegt.

Dialektische Wissenschaft

In der dialektischen Wissenschaft erscheinen die Objekte als Widerspiegelung der gesellschaftlichen Verhältnisse, z. B. eine Burg als Vergegenständlichung von Herrschaft und ein Patrizierhaus in der mittelalterlichen Stadt als Repräsentanz der privilegierten sozialen Stellung eines Großkaufmannes.

Die Geschichte wird als Abfolge von Herrschaftssystemen verstanden, in der ein Weltreich die Unterdrückung der Kolonialvölker zum Ausdruck bringt.

Doppelung, Die

Das Prinzip der Doppelung bezieht sich im engeren Sinne auf das Entfalten einer Persönlichkeit in das eigene ICH und das Alter-Ego, sodass eine kommunikative Situation entsteht, in der das ICH dem Alter-Ego mitteilt, wie es sich fühlt (Ausdoppeln), oder in der das Alter-Ego dem ICH einredet, was es tun soll (Eindoppeln). In einem weiteren Sinne kann die Doppelung auch bedeuten, die Rolle in ein Idealbild und ein Realbild zu differenzieren und von zwei Akteuren darstellen zu lassen. In der Berliner Aufführung der Zemlinsky-Oper »Der Zwerg« (2019) tritt dieser als überhöhtes Idealbild (Größen-Ich) auf, in dem er sich als Held imaginiert und als Künstler sieht (Akteur 1 in Gestalt eines normal-großen Sängers), und als Realbild, das den Zwerg als verwachsen und hässlich darstellt (Akteur 2 in Gestalt eines kleinwüchsigen Schauspielers). Die ICH-Stärke eines Menschen bedeutet in diesem Fall, sich zum Realbild seiner selbst zu bekennen und nicht in Fantasieprojektionen zu flüchten. Immer verbunden mit der Forderung an andere, dieses Selbstbekenntnis als ICH-Leistung anzuerkennen.

Engels, Friedrich

Friedrich Engels (1820-1895) war ein deutscher Philosoph und Gesellschaftstheoretiker von internationalem Rang und der

wichtigste Mitarbeiter von Karl Marx. Eines seiner bekanntesten Werke – in Zusammenarbeit mit Karl Marx – ist die Ver-
öffentlichung »Die heilige Familie« (1845). Mit seiner Analyse
»Die Lage der arbeitenden Klasse in England« (1845) gehört er
zu den einflussreichsten Wegbereitern der empirischen Soziologie.

Episches Theater

Das traditionelle Theater ist eine Spielhandlung in dialogischer
Form. Bertolt Brecht hat darauf aufmerksam gemacht, dass
diese Art von Theater identifikatorisches Theater sei, in dem
den Zuschauer*innen emotionale Erlebnisse mit der Möglichkeit vermittelt werden, sich mit den handelnden Personen zu
identifizieren. Demgegenüber strebte er das Ziel an, sie zum
analytischen Sehen und Denken zu bewegen.

Deshalb verfremdete er die Spielszenen, indem er in die
dialogische Handlung epische Phasen einbaute, in denen eine
Dramenfigur aus der Rolle heraustrat und sich mit Erklärungen und Belehrungen direkt an das Publikum wandte.

Eine andere Form der Verfremdung bestand darin, eine
dritte Person zu erfinden, die aus dem Off in die Handlung
eintrat, um in ihrer Eigenschaft als Zeiger ebenfalls belehren-
de Hinweise zu geben. Unterbrechung des Spiels mit dem
Ziel, Denkprozesse anzustoßen. Auf diese Weise entstand das
sogenannte epische Theater – entweder als Mischform aus
Spielszenen und epischen Phasen oder in der Form des Lehr-
stücks.

Fontane, Theodor

Theodor Fontane (1819-1898) war ein deutscher Schriftsteller
und gilt als einer der Hauptvertreter des Realismus. Zu seinen wichtigsten Werken gehören die Novelle »Grete Minde«
(1880) und die Romane »Frau Jenny Treibel« (1893), »Effi

Briest« (1896) und »Der Stechlin« (1899). Er war ein bedeutender Dichter von Balladen, darunter »Die Brück am Tay«, »John Maynard« und »Herr von Ribbeck auf Ribbeck im Havelland«.

Freud, Sigmund

Sigmund Freud (1856-1939) war ein österreichischer Psychologe von Weltgeltung und Begründer der Psychoanalyse.

Nach dem Anschluss Österreichs an das nationalsozialistische Deutsche Reich emigrierte Freund 1938 nach London. Zu seinen wichtigsten Werken gehören

- Die Traumdeutung (1900)
- Totem und Tabu (1913)
- Das Ich und das Es (1923)
- Das Unbehagen in der Kultur (1930)
- Abriss der Psychoanalyse (1938)
- Der Mann Moses und die monotheistische Religion (1939)

Gleichzeitigkeit des Ungleichzeitigen, Die

Eine Rückblende kann zeigen, was früher war und – obwohl vergangen – in einer Person noch wirksam ist. Kontrastierung von Gegenwart und Vergangenheit. In einer Projektion wird gezeigt, welche Folgen eine gegenwärtige Entscheidung oder Handlung haben wird. Kontrastierung von Gegenwart und Zukunft.

Gruppenidentität

Eine Gruppe – sei es die Jugend einer Gewerkschaft oder eines Sportvereins – kann eigene Normen aufstellen, die sich auf das Tragen eines bestimmten Vereinstrikots oder einer Anstecknadel beziehen und wie Fahnen oder Wimpel ein Wir-Gefühl schaffen sollen. Darüber hinaus definiert eine geschriebene Satzung den Sinn und Zweck einer solchen Vereinigung. Zusammengehörigkeit auf den Ebenen der Imitation, der Identifikation und der bewussten Entscheidung für bestimmte Ziele. Solche organisierten Gemeinschaften gelten als formelle Gruppen. im Gegensatz zu Freundschaftsgruppen, die als informelle Gruppen bezeichnet werden.

Hofmeister, Der

Das Drama »Der Hofmeister« ist ein Bühnenwerk des Dramatikers Jakob Lenz, das Bertolt Brecht bearbeitet und für die Bühne wiedergewonnen hat.

Lenz und Brecht kritisieren eine Gesellschaft, die von dem Einzelnen eine totale Anpassung einfordert. Der Hofmeister als Hauslehrer darf die Tochter seines Herrn nicht lieben und sieht keinen anderen Ausweg, als – um diese frevelhafte Liebe zu verhindern und seine berufliche Stellung zu wahren – sich selbst zu entmannen.

Der Tod des Mannes im Manne als Voraussetzung, seine Existenz zu sichern und leben zu können. Eine unerträgliche Schändlichkeit.

Hölle, Die

Die Hölle ist kein realer Ort, sondern die Vergegenständlichung aller Schreckensvorstellungen, die sich die Menschheit in ihrer Geschichte gemacht hat.

Das zugrunde liegende Menschenbild ist äußerst pessimistisch, geht es doch davon aus, dass alle erdenklichen Strafen nicht ausreichen würden, einen potenziellen Täter von weiteren Vergehen abzuhalten. Das Vergehen musste zur Sünde erklärt werden, die aussagt, dass nicht nur gegen irdische, sondern gegen göttliche Gebote verstoßen wurde und aufgrund dieser größeren Tragweite auch drastischere als menschliche Strafen zum Einsatz kommen mussten. Das Fegefeuer und die ewigen Flammen der Hölle.

ICH, Das

Das ICH ist die psychische Größe, die zwischen dem Außen und dem Innen vermitteln muss. Von außen kommen Verhaltens- und Leistungsvorschriften, die von Autoritäten vertreten werden, und von innen Ansprüche wie Bedürfnisse nach Sexualität, Geborgenheit, Zugehörigkeit, Wertschätzung und Sicherheit. Der Prozess wird als Identitätsbalance und das Ergebnis als ICH-Identität bezeichnet.

ICH-Stärke

ICH-Stärke ist die geistige Haltung eines Individuums zur Welt, zu anderen Menschen und zu sich selbst. Eine doppelte Kompetenz aus Selbstbewusstsein und Selbstwertgefühl. Selbstbewusstsein ist die kognitive, Selbstwertgefühl die emotionale Dimension, einerseits ein begründetes Urteil und andererseits eine Selbstsicherheit im Umgang mit anderen und mit sich selbst zu haben.

Über die Kenntnisse, die Erkenntnisse und die Kompetenz zum Transfer hinaus ist die ICH-Stärke die Fähigkeit der Persönlichkeit, sich Überzeugungen zu erarbeiten und diese selbstbewusst zu vertreten.

Identitätskrise

Wenn die kritische Analyse der Persönlichkeitstheorie eines Menschen nachweist, dass die vermeintlichen Überzeugungen nicht zu halten sind, muss der Betreffende von Vorstellungen Abschied nehmen, die bisher seine Identität ausgemacht haben. Wie tiefgreifende Irritationen dieser Bewusstseinsbruch auslösen kann, hat das Ende des Nationalsozialismus gezeigt, als vielen NS-Anhängern eine Welt zusammenbrach. Die alten Anschauungen erwiesen sich als Lug und Trug, und die neuen Orientierungsmuster waren erst schwach entwickelt, sodass die Menschen nicht recht wussten, wie sie sich verhalten sollten.

Diese weltanschauliche Verunsicherung wird in der Fachsprache als Identitätskrise bezeichnet.

Kabarett, Das

Das Kabarett ist ein Theater der Kleinkunst, das sich dem Ziel verschrieben hat, der Realität den Zerrspiegel der Satire vorzuhalten. Dafür muss vorausgesetzt werden, dass das Publikum über die Informationen verfügt, auf die sich die Satire bezieht. Diese Bedingung ist heute nicht immer erfüllt, sodass das Kabarett in die missliche Lage gerät, die fehlenden Informationen selbst vermitteln zu müssen. Mit der Gefahr, dass eine kabarettistische Inszenierung den Charakter eines Hochschulseminars annimmt. Es kommt jedoch darauf an, dass das Kabarett mit lebendigen Spielszenen Theater bleibt.

Kant, Immanuel

Immanuel Kant (1724-1804) war ein deutscher Philosoph von Weltgeltung und einer der wichtigsten Vertreter der Aufklärung. Sein Werk »Kritik der reinen Vernunft« (1781) gilt als Beginn der modernen Philosophie. Weitere wichtige Werke sind
- Beantwortung der Frage: Was ist Aufklärung? (1784)
- Kritik der praktischen Vernunft (1788)
- Kritik der Urteilskraft (1790)

Seine Schrift »Kritik der reinen Vernunft« wurde von der katholischen Kirche auf den Index der verbotenen Bücher gesetzt (Formelle Aufhebung des Index: 1966)

Kollektives Bewusstsein

Das kollektive Bewusstsein ist die Summe aller Vorstellungen, die in den Köpfen der Menschen virulent sind. Vorstellungen, die von einer Generation zur nächsten weitervererbt werden. Mit der Folge, dass der Mensch mit den Weltbildern von gestern heute die Zukunft von morgen gestalten soll.

Ein heute Fünfzigjähriger handelt blind, wenn er sich nicht bewusst macht, dass er seine Grundüberzeugungen vor vierzig Jahren von Eltern, Lehrern und anderen Autoritäten gutgläubig übernommen hat, ohne sie kritisch zu reflektieren. Auf diese Weise kann subjektiv verhindert werden, was für den Fortschritt objektiv notwendig wäre. Selbstbestimmung setzt einen gesellschaftlichen Diskurs voraus, in dem die Vorstellungen der Vergangenheit auf ihre Zukunftstauglichkeit hin überprüft werden müssen.

Kreativität

Kreatives Denken ist alternatives und abweichendes Denken und verfolgt das Ziel, nicht das Normalverfahren anzustreben, sondern die Vielfalt der Lösungen. Kreativität bedeutet, Strukturen umzustrukturieren und Umwege und Irrwege nicht von vornherein aus der Problemlösung auszuschließen. Um die Ideenfindung nicht zu kanalisieren, sollen im Brainstorming Ideen nicht voreilig bewertet, sondern erst in einer zweiten Phase geordnet und eingeschätzt werden.

Kritische Psychologie

Die Kritische Psychologie unterscheidet zwischen der objektiven (1), der subjektiven (2) und der persönlichen Gegenstandsbedeutung (3).

(1) Die objektiven Gegenstandsbedeutungen sind die gesellschaftlich bedingten Sachverhalte. Um sich diese anzueignen, müssen die Lernenden untersuchen

- den Entstehungsprozess, aus dem heraus der Sachverhalt eine objektive Gegenstandsbedeutung geworden ist;
- die der objektiven Gegenstandsbedeutung zugrunde liegende Ursprungssituation;
- den Verwendungszusammenhang der objektiven Gegenstandsbedeutung.

(2) Die Aneignung der subjektiven Gegenstandsbedeutung erfordert die Analyse der Interessen, die die Ursprungssituation und den Entstehungs- und Verwendungszusammenhang bestimmt haben;

(3) Bei der Betrachtung der persönlichen Gegenstandsbedeutung sind die Bedürfnisse zu beachten, die das Individuum bei der Nutzung bzw. dem Ge- oder Verbrauch der Objekte befriedigt.

Der Lernprozess wird definiert als aktive Aneignung der Gegenstandsbedeutung in Kooperation mit anderen.

Kritische Theorie

Die Kritische Theorie nach Max Horkheimer (1895-1973) und Theodor W. Adorno (1903-1969) ist ihrem Selbstverständnis nach die »Gesellschaftswissenschaft des Individuums und die Psychoanalyse der Gesellschaft«. Damit sind die beiden wissenschaftlichen Wurzeln der Kritischen Theorie benannt, die Gesellschaftswissenschaft nach Karl Marx und die Psychoanalyse nach Sigmund Freud. Kernelemente sind:
- die gesellschaftliche Bedingtheit aller Sachverhalte;
- die Sachverhalte als Vergegenständlichung von Interessen;
- die gesellschaftliche Bedingtheit des Individuums;
- die gesellschaftliche Bedingtheit der Verhältnisse, die von Menschen gemacht sind und auch von ihnen verändert werden können.

Lenz, Jakob Michael Reinhold

Jakob Lenz (1751-1792) ist ein deutscher Dramatiker, der den »Sturm und Drang« in der Literatur repräsentiert. Er hat die beiden großen Bühnenwerke »Der Hofmeister« und »Die Soldaten« geschrieben und gilt als Erfinder der Simultanszene, in der Ereignisse, die gleichzeitig, jedoch an verschiedenen Orten stattfinden, nebeneinander dargestellt werden. Solche Simul-

tanszenen galten seinerzeit als unaufführbar. Wenn Literatur-
kritiker die Biografie des Dichters Jakob Lenz, der mehrfach
gescheitert und dem Wahnsinn verfallen ist, zu seinen Werken
in Beziehung setzen, dann erscheint ihnen dessen bewegtes
Leben als das größere Drama. Infolgedessen ist Lenz zu einer
markanten literarischen Figur geworden – in Büchners Novelle
»Lenz« und in der gleichnamigen Oper von Wolfgang Rihm.
Beiden kommt das Verdienst zu, Lenz aus der Vergessenheit
zurück in das Bewusstsein der Menschen geholt zu haben.

Marx, Karl

Karl Marx (1818-1883) war ein deutscher Philosoph, Ökonom
und Gesellschaftstheoretiker von welthistorischer Bedeutung.
Er gilt als Hauptkritiker des Kapitalismus.

Zu seinen wichtigsten Schriften gehören

- Thesen über Feuerbach (1845)
- Die deutsche Ideologie (1845/46)
- Manifest der Kommunistischen Partei (1848)
- Grundrisse der Kritik der politischen Ökonomie (1857/58)
- Das Kapital (3 Bände ab 1867)

Mehrheit und Minderheit

In jeder Gesellschaft bestimmt eine Mehrheit die herrschenden
Normen und Werte und definiert auf diese Weise zugleich, wer
sich in der Minderheit befindet. Diese Minderheit wird schnell
diskriminiert und ausgegrenzt und in die Rolle des Sünden-
bocks getrieben. Traditionell wird diese soziale Identität als
Opferrolle beschrieben. Darüber dürfen jedoch nicht die so-
zialpsychologischen Prozesse innerhalb der Mehrheit aus dem
Blick geraten, die sich im Recht wähnt, ohne die eigenen Normen und Werte kritisch überprüft zu haben. Auf diese Weise
trifft die Notwendigkeit des Fortschritts in Politik und Gesellschaft, in Bildung und Erziehung, in Kunst und Kultur immer

wieder auf das Beharrungsvermögen des kollektiven Bewusstseins. Woran liegt das?

Die Menschen sind erzogene Menschen und tradieren, was sie in ihrer Kindheit von Autoritäten übernommen haben, sodass die gesellschaftliche Dynamik nach den Vorstellungen der Vergangenheit verläuft. Daran gemessen erscheinen die Verhältnisse der Minderheit als Problem und die eigenen Umstände als Normalität.

Die Kunst des Fortschritts besteht darin, zu den verinnerlichten Bedingungen von gestern heute die Zukunft von morgen zu gewinnen. Da zugleich die gegenwärtige Gesellschaft mehrheitlich eine Gesellschaft der Älteren ist, läuft die Entwicklung darauf hinaus, dass die Generation der Väter und Großväter die Zukunft der Kinder und Enkelkinder bestimmt. Im Sinne der Selbstbestimmung eine schwierige Situation.

Metakommunikation

Kommunikation kann auf zwei Ebenen stattfinden. Auf der Primärebene als unmittelbare Interaktion der Gesprächspartner in Rede und Gegenrede und auf der Metaebene, von der aus die gesprächskritische Person sowohl das kommunikative Verhalten des anderen ICHs als auch das eigene und die kommunikative Beziehung beider reflektiert. Die beiden Gesprächspartner sind also sehr unterschiedlich an der Kommunikation beteiligt. A kommuniziert nur auf der primären Ebene, während B sowohl auf dieser als auch auf der Metaebene interagiert. Als Ego auf der Basis- und als Alter-Ego auf der Metaebene.

Milieubruch, Der

Ein Milieubruch kann sich durch eine Distanzierungs- oder eine Orientierungsstörung bemerkbar machen.

Wenn ein Kind mit Erfahrungen einer offenen liberalen Erziehung im Elternhaus in Erziehungsverhältnisse der Schule kommt, in der Verhaltensvorschriften gelten, die mit den Adressaten nicht abgestimmt werden, kann es zu einer Distanzierungsstörung kommen. Das Kind hat es gelernt, sich von einer Verhaltensvorschrift distanzieren und diese infrage stellen zu können, und macht nunmehr die Erfahrung, dass der Versuch der Hinterfragung nicht zugelassen wird.

Die Unterdrückung des Freiheitsbestrebens des Kindes kann Ängste und Depressionen zur Folge haben.

Wenn das Kind im Elternhaus nur straffe Ordnungsvorgaben mit dem strikten Verbot, diese infrage zu stellen, kennen gelernt hat, und hernach in der Schule auf offene liberale Erziehungsverhältnisse stößt, kann es zu einer Orientierungsstörung kommen. Denn da das Kind keine Selbststeuerung und Selbstdisziplin gelernt hat, weiß es bei Wegfall der Verhaltensvorschriften nicht, was es tun soll, und kann ins Chaotisieren abrutschen.

Zur Lösung der Probleme, die mit beiden Störungen verbunden sind, ist es ratsam, die pädagogische Praxis am Modell der normenaushandelnden Erziehung zu orientieren.

Monotheismus, Der

Der Monotheismus bezeichnet eine Religion, die nur einen Gott hat. Dazu gehören das Judentum, das Christentum und der Islam. Das Gegenbild ist der Polytheismus, der – wie im alten Griechenland – viele Götter kannte. Ares als Gott des Krieges, Eros als Gott der Liebe und Poseidon als Gott des Meeres usw. Letzte Anklänge an viele Götter spiegeln sich im Christentum, wenn von dem dreieinigen Gott die Rede ist – Gott Vater, Sohn und Heiliger Geist.

Motivverschiebung

Wenn eine Handlung im Stil einer linearen Darstellung erzählt wird, entsteht die Spannung aus der Neugier zu erfahren, wie ein Drama begann, wie es sich entwickelte und zu welchem Ende es kam. Frage der Rezipienten nach der Chronologie der Ereignisse. Nicht so, wenn eine Handlung vom Ende her erzählt wird. Dann wird die Chronologie der Ereignisse als bekannt vorausgesetzt und danach gefragt, aus welchen Motiven heraus das von Anfang an bekannte Problem entstanden ist. Motivverschiebung als Veränderung der Fragerichtung. Reflexive Darstellung.

Narzisstische Kränkung

Zu den Grundbedürfnissen des Menschen gehört es, anerkannt zu werden. Diese Anerkennung erlangt der Einzelne meist durch Wohlverhalten und Leistung. Wenn er beides nicht erbringt und die Wertschätzung ausbleibt, kann sein Selbstvertrauen beeinträchtigt werden. Diese Beschädigung seines Selbstwertgefühls wird in der Fachsprache der Psychologie eine »narzisstische Kränkung« genannt.

Norm, Die

Eine Norm ist eine wertbestimmte Handlungs- oder Verhaltensvorschrift. Ein gewerkschaftlicher Wert wäre z. B. die Solidarität, die zugehörige Norm deren Umsetzung in die Praxis durch die Unterstützung von sozialen oder ökologischen Aktionen bzw. von Gesetzesvorhaben und von Streiks.

Normensetzende und normenaushandelnde Erziehung

In der normensetzenden Erziehung ordnet die Autorität die Normen für ein verbindliches Verhalten an, ohne diese zu begründen. Sie legitimieren sich aus dem Führungsanspruch der Erzieherpersönlichkeit, die zugleich das Recht beansprucht, das Verhalten zu kontrollieren und zu bewerten. Demgegenüber sind in der normenaushandelnden Erziehung alle Entscheidungen an die Zustimmung der Beteiligten gebunden.

Die Selbstkontrolle ergibt sich, wenn am Ende einer Arbeitsphase die Ergebnisse zum Handlungsplan rückgekoppelt werden, der eingangs demokratisch festgelegt worden ist.

Novelle, Die

Während ein Roman die ganze Lebensgeschichte einer Persönlichkeit oder eine Epoche mit Haupt- und Nebenhandlungen darstellt, reduziert eine Novelle die Erzählung auf eine »unerhörte Begebenheit (Goethe), d. h. ein einmaliges dramatisches Ereignis. Der Autor führt in kurzen Zügen auf das Zentrum des Geschehens hin, spitzt die Konflikte zu und sucht ein schnelles Ende, ohne alle die Fortsetzung der Handlung betreffenden Fragen beantworten zu müssen. Eine berühmte Novelle ist die Erzählung »Jakob Lenz« von Georg Büchner, in der dieser die bewegenden Umstände der psychischen Erkrankung des Dramatikers Jakob Michael Reinhold Lenz (1751-1792) schildert.

Offene Dramaturgie

Wer sich mit der modernen Regie befasst, muss sich Bewertungsmaßstäbe aneignen, die wissenschaftlich begründet sind und nicht auf Anmutung und Gutdünken beruhen.

Es müssen werkspezifische und werkübergreifende Ansätze unterschieden werden – unter Beachtung der Tendenz, dass die Regie vorherrschend werkübergreifende Prinzipien befolgt: Inszenierung vom Ende her, Szenen- und Rollentausch, perspektivische Interpretation, Standbilder, Rückblenden und Projektionen.

Orientierungshilfen zur Aneignung dieser Leitlinien findet das Publikum im Symbolischen Interaktionismus (Mead, Krappmann) und in den Methoden der Szenischen Interpretation (Scheller).

Der Symbolische Interaktionismus klärt über Rollendistanz, Ambiguitätstoleranz, das Prinzip der Doppelung und

den Gebrauch von Symbolen auf. Elemente, die der theater-
didaktische Ansatz der »Szenischen Interpretation« um die
Arbeit mit Parallel- und Simultanszenen und mit Standbildern
ergänzt.

Operationalisierung

Die ICH-Stärke kann lernpsychologisch für Bildung und Erziehung als Richtziel eingestuft werden, das jedoch operationalisiert werden muss, wenn es handlungsanleitend sein soll.

Operationalisierung bedeutet die Übersetzung eines Richt-
ziels in konkrete geistige Handlungs- und Verhaltensanweisun-
gen. ICH-Stärke muss zum Ausdruck bringen

- elementare polit-ökonomische, soziokulturelle und kommunikative Kenntnisse,
- Erkenntnisse über deren Zusammenhang,
- die Kompetenz, gesellschaftlich-historische Verhältnisse
  analysieren und bewerten zu können,
- den Transfer von Erkenntnissen auf jeweils andere Sachverhalte und
- die Fähigkeit, sich Überzeugungen zu erarbeiten und diese
  argumentativ anderen gegenüber zu vertreten.

Parallelszene

Eine Parallelszene hat die gleiche Psychostruktur wie die Ausgangsszene, auf die sie sich bezieht.

Wenn ein theaterpädagogisches Seminar in der Öffentlichkeit mit Parallelszenen experimentiert, muss es damit rechnen,
dass dieses unsichtbare Theater Aufsehen erregt.

Als in einer Ausgangsszene ein junger Mann eine junge
Frau bedrängt, wird diese Szene von den teilnehmenden Be-
obachtern »fast« als normal wahrgenommen, während die Um-
kehrung, in der eine junge Frau einen jungen Mann bedrängt,
als skandalös empfunden wird.

Personifizierung, Die

In der Literatur, der Musik, der Kunst und des Theaters treten zuweilen Menschen auf, die keine realen Personen, sondern Personifizierungen von Ideen oder Vorstellungen sind. Mephisto in Goethes Faust, das Sandmännchen und das Taumännchen in Humperdincks »Hänsel und Gretel« und der Nussknacker in Tschaikowskys gleichnamigem Ballett. Veranschaulichungen von Imagination, die nicht dazu führen dürfen, die inneren Bilder als äußere Realität erscheinen zu lassen.

Persönliche Identität

Die Authentizität und Unverwechselbarkeit einer Person wird als persönliche Identität bezeichnet. Darin drückt sie alle Werte und Normen aus, die ihr Wesen und ihre Persönlichkeit ausmachen.

Persönlichkeitstheorie, Die

Jeder Mensch bildet in seinem Bewusstsein eine sogenannte Persönlichkeitstheorie aus, die wie ein Wahrnehmungsfilter im Blick auf die Welt wirkt. Eine spezifische Weltsicht, die ihn in die Lage versetzt, die Lebenswirklichkeit zu deuten. Darin spiegelt sich das kollektive Bewusstsein der Gesellschaft – mit aufgeklärten und irrationalen Versatzstücken aus Wissenschaft, Kultur, Tradition und Ideologie.

Perspektivische Interpretation

Seit Bertolt Brecht das epische Theater erfunden hat, kann in die Handlung ein Erzähler eingebaut werden, der es erlaubt, Kürzungen vorzunehmen, dramaturgische Unstimmigkeiten aufzuheben und Deutungshinweise zu geben.

Der Regisseur entwirft eine Rahmenhandlung mit Situationen und Personen, die selbst nicht Teil des Dramas sind. Außenansicht statt Innenansicht.

Interpretation der Handlung, aus der Sicht einer Person, die selbst Teil des Dramas ist.

Projektion

Wenn in der Erziehung Schwierigkeiten auftreten, neigen Eltern dazu, die Ursache im Kinde zu suchen. Sie verkennen in diesem Fall, dass die Auslöser nicht in der einzelnen Person, sondern in den zwischenmenschlichen Beziehungen der Personen liegen. Da eine Erziehungsstörung eine Beziehungsstörung ist, ist die Erzieherpersönlichkeit selbst Teil des Problems, versucht jedoch meist, diese unerträgliche Wahrheit abzuwehren und als Schuld in das Kind hineinzuprojizieren.

Rezeptionsgeschichte

Um sich Kulturgüter anzueignen, muss der Einzelne in seinem Denken auf Kategorien zurückgreifen können, die sowohl die Werke – in Literatur, Musik, Theater und Kunst – als auch das Bewusstsein erschließen. Diese Denkansätze sind keine Fixgrößen, sondern vom jeweiligen Zeitgeist und von den Einstellungen der verschiedenen Generationen abhängig. So macht es einen Unterschied, ob ein Kulturgut werkgetreu oder nach Erkenntnissen der Gesellschafts- und Kulturwissenschaften bzw. nach den Prinzipien der Psychoanalyse interpretiert wird.

Rezeptionsgewohnheiten

Zwischen den Vorstellungen in den Köpfen des Publikums und den Kategorien, die einer aktuellen Theateraufführung zugrunde liegen, klaffen oftmals fünfzig Jahre. Obwohl Gerichte entschieden haben, dass eine Inszenierung gegenüber dem Werk, das sie auf die Bühne bringt, eine eigene Kunstform ist, erwarten viele Besucher*innen noch immer eine werkgetreue Aufführung. Auch bei Werken, die zweihundert Jahre alt sind und deren äußere Handlung meist verfallen ist. Nicht so das innere Geschen, wenn die Protagonisten auf der Suche nach Identität und ICH-Stärke sind. Dann kann eine Figur der Barockzeit ein höchst moderner Charakter sein, den in den Mittelpunkt einer kritischen Aufführung zu stellen, ein löbliches Projekt wäre.

Das Theater von heute muss ein gegenwärtiges Theater für ein heutiges Publikum sein. Deshalb wäre es wünschenswert, wenn das Publikum sich um die Erweiterung der eigenen Rezeptionsgewohnheiten bemühen würde.

Rihm, Wolfgang

Wolfgang Rihm (*1952) gehört zu den bedeutendsten Komponisten der Gegenwart. Besonders bemerkenswert ist seine Oper »Jakob Lenz«, mit der ihm zugleich – neben Georg Büchner – das Verdienst zukommt, den Dramatiker Jakob Lenz als literarische Figur aus der Vergessenheit ins Bewusstsein eines größeren Publikums zurückgeholt zu haben.

Römer 13, 1-7

Im Brief des Paulus an die Römer (Römer 13, 1-7) definiert dieser jede Obrigkeit als von »Gott angeordnet« und bestreitet allen Menschen ein Widerstandsrecht.

Luther berief sich in seiner Streitschrift »Wider die räuberischen und mörderischen Rotten der Bauern« ausdrücklich auf diesen Römerbrief, als er den Bauern 1525 das Recht absprach, gegen ihre Unterdrückung und ihre Ausbeutung zu kämpfen, und die Fürsten in die Pflicht nahm, die Bauernaufstände blutig niederzuschlagen.

Das Verhängnisvolle an dem Römerbrief ist, dass er zur Legitimation von Gewaltherrschaft missbraucht werden kann.

Rollendiffusion

In Zeiten allgemeiner Verunsicherung können Rollenzuschreibungen unklar werden. Was ist in der Gegenwart eindeutig weiblich, was eindeutig männlich? Keine eineindeutige Festlegung einer Rolle, sondern die Offenheit mehrdeutiger Auslegungen und Erprobungen. Suchbewegungen nach der eigenen Identität und der der Anderen. Beziehungen können Mann-Frau-Beziehungen in wechselnden Partnerschaften, Frau-Frau-Beziehungen und Mann-Mann-Beziehungen beinhalten. Diffusion der Identitäten. Unsicherheit der zwischenmenschlichen Beziehungen, die zum Wagnis werden.

Rollendistanz

In der traditionellen Rollentheorie (Talcott Parsons) sind Abweichungen von der Rollennorm bei Androhung von Sanktionen nicht zugelassen. Bei Übertragung auf die Bühne würde diese Ausrichtung die absolute Werktreue verlangen.

Demgegenüber geht die kritische Rollentheorie (George Herbert Mead, Lothar Krappmann) davon aus, dass ein Rollenspieler Rollendistanz üben und sich Spielräume eröffnen darf, die Rolle individuell-unterschiedlich auszugestalten.

Für das Theater bedeutet diese Öffnung, dass eine Rolle immer wieder neu und anders gedeutet werden kann, eine aktuelle Inszenierung nicht an historische Vorgaben gebunden ist und eine gegenwartsbezogene Interpretation zugelassen ist.

Rollentausch

Eine Person A nimmt die Rolle einer Person B ein – z. B. der Sohn die Position des Vaters oder umgekehrt. Der Sohn muss sich in den Vater hineinversetzen und eine in Frage stehende Erziehungssituation aus dessen Sicht reflektieren, nicht zuletzt zu dem Zwecke, seine eigene Problemsicht aus der Perspektive des Vaters zu klären. Entsprechend wäre die Situation, wenn der Vater seine Bewertungen aus der Sicht des Sohnes analysieren würde. Vom linearen zum zirkulären Erzählen.

Sakrileg, Das

Ein Sakrileg ist ein Vergehen oder ein Frevel gegen Heiliges, sei es eine Person, ein Gegenstand oder eine Stätte religiöser Verehrung. Um den Verboten Nachdruck zu verleihen, werden die Verstöße quasi wie eine Sünde angesehen und mit der Androhung von Höllenqualen geahndet.

Sakrosankt

Wenn eine Sache als sakrosankt bezeichnet wird, gilt sie als unantastbar und unverletzlich. Durch diese Etikettierung wird zum Ausdruck gebracht, dass die Sache (religiös) nicht angezweifelt werden kann und darf.

Satire, Die

Die Satire ist eine Textsorte, die der Realität den Zerrspiegel der zugespitzten Kritik vorhält. Sie will die Wirklichkeit nicht abbilden, sondern mit den Mitteln der einseitigen Übertreibung deren Karikatur sein. Sie verfolgt das Ziel, nicht das ganze Bild einzublenden, sondern auf einen »wunden Punkt« abzuheben.

Die Satire sollte stets so gestaltet sein, dass das Publikum zwischen der Realtät, auf die sie sich bezieht, und der bewusst verzerrenden Darstellungsweise unterscheiden kann.

Schülervertretung (SV)

An den weiterführenden Schulen wird eine Schülervertretung gewählt, die in der Regel eine Versammlung aller Klassensprecher*innen ist. Den Vorsitz hat der Schulsprecher bzw. die Schulsprecherin, entweder von allen Schülern und Schülerinnen direkt oder von der Schülervertretung gewählt.

Die Schülervertretung soll die Interessen der Schüler*innen gegenüber der Schulleitung wahrnehmen. Oft gibt sie eine Schülerzeitung heraus, zu deren Erstellung es entscheidend darauf ankommt, ob an der Schule die Meinungs- und Pressefreiheit gewahrt ist.

Wenn eine beratende Lehrkraft zu Rate gezogen wird, hat diese die Aufgabe, herauszufinden, was die Schüler*innen zum Ausdruck bringen wollen, nicht eigene Ratschläge durchzusetzen.

Schule des Sehens

Die spontane Annäherung an eine Theateraufführung ist eine Rezeption, die zu kurz greift. Fühlen, Denken, Urteilen – das ist der Dreischritt, der sich im Kopf der Zuschauerinnen und Zuschauer vollziehen muss. Ohne Begriffe keine Tiefenschärfe.

Solche Begriffe sind Kategorien wie die »Gleichzeitigkeit des Ungleichzeitigen«, die »Entschlüsselung der Symbole«, »Rück- und Vorblenden«, »äußere und innere Handlung«, die »Wiederkehr des Verdrängten«, »dialogische Spielszenen und Phasen des epischen Theaters«. Kategorien, die auf andere Inszenierungen übertragbar sind. Ausweitung der Rezeptionsgewohnheiten des Publikums in einem Theater, das sich als Schule des Sehens begreift.

Schulz von Thun, Friedemann

Friedemann Schulz von Thun (*1944) ist ein namhafter deutscher Kommunikationswissenschaftler, der den Kommunikationsprozess unter vier Kriterien analysiert, dem Inhalts-, dem Beziehungs-, dem Appell- und dem Selbstoffenbarungsaspekt. Zu seinen bekanntesten Veröffentlichungen gehört »Miteinander reden«, 3 Bände, Reinbek 1998.

Selbstbestimmung

Einer der höchsten Werte der Demokratie ist die Selbstbestimmung. Die Mehrheit der Menschen glaubt, dass es zu deren Umsetzung genügen würde, die Menschen nach ihrem Willen

und Bewusstsein zu befragen und das Ergebnis – das sogenannte empirische Bewusstsein – zum Ausgangspunkt politischer
Entscheidungen zu machen, ohne die abgefragten Meinungen
auf ihre Gültigkeit hin zu überprüfen und zu kritisieren. Auf
diese Weise werden unaufgeklärte Vorstellungen der Vergangenheit weitergegeben, die den Fortschritt blockieren können.

Soziale Identität

Wie eine Person authentisch und unverwechselbar als Mutter,
Vater, Lehrkraft oder Politiker tätig wird, zeichnet ihre soziale
Identität aus, in die sie ihre sachliche, soziale und kommunika-
tive Kompetenz einbringt.

Während die traditionelle Rollentheorie von der Norm her
auf die Verhaltensvorschriften für das Subjekt abzielte, sieht
die soziale Identität vor, vom Subjekt her auf die Ausgestaltung
einer Rolle abzuheben.

Schnitzler, Arthur

Arthur Schnitzler (1862-1931), österreichischer Dramatiker
und Erzähler, gilt als einer der Hauptvertreter der literarischen
Wiener Moderne. Sein bekanntestes Bühnenwerk unter dem
Titel »Reigen« (Erstdruck 1897, Uraufführung in Berlin 1920
und Erstaufführung in Wien 1921) löste wegen der freizügigen
Darstellung von Sexualität einen Skandal aus, der schließlich
zu einem polizeilichen Aufführungsverbot führte.

Die heftigen Hetzkampagnen gegen das »Schmutzstück«
gipfelten in Demonstrationen, in deren Verlauf eine Reigen-
aufführung in Wien von Schnitzler-Gegnern gestürmt wurde.
In seiner Novelle »Lieutenant Gustl« (1900) führte er die neue
Erzählform des inneren Monologs ein.

Nachdem er in der Erzählung »Lieutenant Gustl« den Ehrenkodex des habsburgischen Militärs angegriffen hatte, wurde
ihm der Offiziersrang als Oberarzt der Reserve aberkannt.

Weitere wichtige Werke sind die Novellen »Fräulein Else« und »Traumnovelle«.

Auf dem Höhepunkt der »Aktion wider den undeutschen Geist«, die am 10. Mai 1933 in der Bücherverbrennung eskalierte, übergaben die Nazis auch die Werke Arthur Schnitzlers den Flammen. Schnitzlers Bühnenstücke wurden zwischen 1933 und 1945 nicht aufgeführt.

Selbstvertrauen, Das

Das Selbstvertrauen beruht im kognitiven Sinne auf dem Selbstbewusstsein und im emotionalen Sinne auf dem Selbstwertgefühl. Beides ist die Grundlage der ICH-Stärke und die Voraussetzung für die Verhaltenssicherheit der Person.

Simultanszene, Die Wenn zwei Szenen nebeneinander gezeigt werden, beispielsweise eine Liebesszene als Glückseligkeit im Vergleich zu einer Liebesszene als aggressiver Akt, spricht man von Simultanszenen.

Oftmals ist es so, dass eine aktuelle Szene als Standbild »eingefroren« wird und der Protagonist eine »Denkpause« einlegt. Was ihm dann durch den Kopf geht, ein vergangenes oder zukünftiges Geschehen, wird sodann in einer Simultanszene gezeigt. Eine Szene im Hier und Jetzt und eine zweite Szene im Dort und Damals oder im Dort und Dann.

Soldaten, Die

Das Drama »Die Soldaten« ist ein Bühnenwerk von Jakob Lenz, das der moderne Komponist Bernd Alois Zimmermann (1918-1970) als Libretto für seine gleichnamige Oper gewählt hat. Doppelter Erfolg: Einerseits hat er das vergessene Werk für die Bühne wiederentdeckt und andererseits einen sensationellen eigenen Erfolg erzielt. Zimmermann ist es gelungen, mit der Oper »Die Soldaten« zu einem herausragenden Vertreter der musikalische Avantgarde zu werden.

Spiel und Nicht-Spiel

In modernen Inszenierungen des Theaters gibt es des Öfteren Szenen, in denen nicht gespielt wird. Dann erstarren die Darsteller*innen zu Salzsäulen und sind keine Mitspieler mehr, sondern nur noch Beobachter, die fremd neben sich selbst und anderen stehen. Ohne Miteinander.

Wer spielt, sucht den anderen, um ihn emotional und intellektuell für ein gemeinsames Erleben und Handeln aufzuschließen. Wer nicht spielt, drückt aus, dass er nicht willens oder in der Lage sei, Empathie zu empfinden und auf andere zuzugehen und zu kommunizieren. Lebendige Tote.

Das Nicht-Spiel ist in diesem Sinne also kein Manko, sondern ein bewusstes dramaturgisches Mittel, das Aneinander-Vorbei-Sein der heutigen Menschen zum Ausdruck zu bringen.

Störung, Die

In der Regel wird eine Störung als Problem und als Fehler eingestuft. Zu Unrecht, zumindest was die Lerntheorie anbetrifft.

Wenn eine Störung eintritt, muss der betroffene Mensch herausfinden, welche Elemente eines Systems aus dem Gleichgewicht geraten sind, und versuchen, ein neues Gleichgewicht herzustellen. Damit ist eine Herausforderung verbunden, die lernpsychologisch als Impuls verstanden werden kann, kreativ zu werden.

Stoß, Veit

Zu den größten Bildhauern und Schnitzkünstlern der Menschheit gehört Veit Stoß (1447-1533), der in der Zeit des Spätmittelalters zu Weltruhm gelangte.

Zu seinen Werken von Weltgeltung gehören der Marienaltar in der Marienkirche zu Krakau und der »Englische Gruß« in der St. Lorenzkirche zu Nürnberg.

Die vollendete realistische Menschendarstellung macht ihn zu einem großartigen Wegbereiter der Renaissance (15./16. Jahrhundert).

Symbol

Symbole sind Zeichen, die mit einer überhöhten Bedeutung über das Dingliche und Reale hinaus aufgeladen sind. Die Rolandstatue als Symbol der bürgerlichen Freiheit und des Marktrechts in der mittelalterlichen Stadt. Löwe und Adler als Symbol der Herrschaft und der Stärke.

Teilnehmerzentrierte Interaktion (TZI)

Nach den Prinzipien der Teilnehmerzentrierten Interaktion muss der angesprochene Kommunikationspartner auf das Gesagte des Sprechers eingehen und nicht dessen Ausführungen als Aufhänger für seine eigene Rede instrumentalisieren, wie es im Alltag des Öfteren der Fall ist.

Die Kunst der Kommunikation besteht darin, den anderen ins Gespräch zu bringen und nicht sich selbst.

Urteil, Das

Wenn jemand ein Urteil mit den Worten einleitet, er habe diesen oder jenen Eindruck gewonnen, kann man davon ausgehen, dass dem Urteilenden keine Kategorien bewusst sind, die seinem Urteil zugrunde liegen. Damit ist sein Urteil blind.

Zu einem kompetenten Urteil gehören zwei Aussagen. Zum einen die eigentliche Bewertung und zum anderen die Benennung der Kategorien, die diese begründen. Zu solchen Kategorien gehören Gesichtspunkte wie die Sachlogik und die Personenkonstellation eines literarischen Werks, die impliziten Interessen und die möglichen Mehrdeutigkeiten und nicht zuletzt die Faktoren, die die relevanten Konflikte verursacht haben. Urteile ohne kategoriale Begründung sind zufällig und wertlos.

Verdinglichung, Die

Wenn eine Gegebenheit nicht als Geworden-sein wahrgenommen wird, spricht Adorno von Verdinglichung des Denkens.

Gesellschafts-, Menschen- und Familienbilder sind Kopfgeburten, die sich verselbstständigen und verobjektivieren können, sodass sie dem Bewusstsein des Menschen als unumstößliches Sein erscheinen. Quasi als Natur, die hingenommen werden muss. Diese Wahrnehmung ist unhistorisch und stellt eine verhängnisvolle Entpolitisierung des Denkens dar, indem sie dem Menschen suggeriert, keine Möglichkeit der Gestaltung der eigenen Arbeits- und Lebensverhältnisse zu haben.

Verhalten / Handeln

Die Kategorie »Verhalten« ist ein Begriff des Behaviorismus, während der Terminus »Handeln« ein Kernbegriff der Kritischen Psychologie ist. Wenn sich ein Mensch zu einem Ereignis, einer Person oder einer Idee verhält, stellt sein Verhalten eine Reaktion dar, deren Auslöser außerhalb seiner selbst liegt. Der Mensch ist durch Markt und Medien zunehmend einem Reiz-Reaktions-Schema ausgeliefert, in dem die verursachenden Reize und Verstärker Faktoren der Situation und nicht der betreffenden Person sind.

Demgegenüber ist Handeln eine absichtsvolle Tätigkeit, deren Auslöser der Wille des Handelnden ist. Er ist in der Lage, alle Elemente einer Handlung, die Zielsetzung, das Objekt, die Mittel, den Prozess und das Produkt, willentlich einzusetzen bzw. zu steuern.

In der Zielsetzung ist der Mensch in der Lage, das Produkt, das er anstrebt, zu antizipieren, d.h. geistig vorwegzunehmen. Das gelungene Produkt wird abschließend als Erfolgserlebnis wahrgenommen, das den Handelnden verstärkt und zu neuen Handlungen motiviert. Der sich in seiner Tätigkeit selbst motivierende Mensch.

Verschwörungstheorien, Die

Wenn in Krisenzeiten – wie zuletzt in der Coronakrise 2020 – eine kollektive Verunsicherung eintritt, sucht der Mensch nach Erklärungen, die diese Verunsicherung abfedern können.

Bleibt eine rationale Erklärung aus, flüchtet er zumeist in irrationale Vorstellungen, wie die Geschichte gezeigt hat. Im Mittelalter wurden Pest und Cholera als Strafen Gottes verstanden, ohne dass es eines konkreten Sündenfalles der Menschheit bedurft hätte, da die ganze Christenheit von der Unterstellung der allgemeinen Sündhaftigkeit des Menschen überzeugt war.

Als nicht minder plausibel galt die Sündenbocktheorie, die es »erlaubte«, gesellschaftlichen Minderheiten wie den Juden oder den Menschen, die als Ketzer angesehen wurden, eine Schuld zuzuschreiben. Immer noch werden Verschwörungstheorien verbreitet und von Volksverhetzern schamlos für ihre Hassprojektionen instrumentalisiert.

Verstärker

Verstärker sind individuell und spezifisch. Wenn z. B. in einer Lerngruppe das Störverhalten eines Schülers von den anderen mit zustimmendem Gelächter oder klammheimlicher Bewunderung begleitet wird, dann erlebt der Störer diese Reaktionen als Erfolg, der als Verhaltensverstärker wirkt und die erzieherischen Gegenmaßnahmen zur Löschung der Störungen konterkariert.

Vulpius, Christiane

Christiane Vulpius (1765-1816) war die Lebensgefährtin und – seit 1806 – die Ehefrau des Dichters Johann Wolfgang von Goethe. Sie wurde in Weimar gesellschaftlich nicht anerkannt und als Mätresse denunziert. Sie galt in der Öffentlichkeit als Goethes Haushälterin und wurde auch so behandelt. Sie führte den Haushalt. Wenn Schiller bei Goethe zu Gast war und die Herren zu Tische gingen, saß Christiane Vulpius nicht mit an der Tafel.

Sie war die Mutter von August Goethe, dem Sohn des Dichters. Die vier weiteren Kinder, die ihm nachfolgten, starben alle kurz nach der Geburt – wahrscheinlich an einer Rhesusfaktor-Unverträglichkeit.

Als nach dem Sieg Napoleons über Preußen in der Schlacht bei Jena und Auerstedt 1806 die französischen Besatzungssoldaten plündernd und brandschatzend in Weimar einfielen, war es nicht Goethe, der den Franzosen mutig entgegentrat, sondern Christiane Vulpius, die Goethe wahrscheinlich das Leben gerettet hat.

Wertneutrale Psychologie

Die Familie, die Schule, die Arbeitswelt – die Krankmacher der Gesellschaft, sodass der psychisch belastete Mensch sich bei einem Therapeuten einschreiben muss, der dann als Reparaturinstanz des Systems tätig wird. Ohne zu fragen, ob es gut und richtig sei, den Menschen als abhängige Variable zu betrachten und die systemischen Verhältnisse als Fixgröße so zu belassen, wie sie sind. Die wertneutrale Psychologie, die das Individuum auf eine gesellschaftsfreie Person in ihren Veranlagungen und Dispositionen reduziert und in die Pflicht nimmt, aus eigener Anstrengung wieder funktionstüchtig zu werden. Der Profiteur ist die Pharmaindustrie, die Unmengen an Psychopharmaka beisteuert und die betroffene Person zu einem behandelten Menschen macht, obwohl sie eigentlich ein handelnder Mensch sein sollte. Hier setzt die Identitätspsychologie ein, die eine Lösung der Konflikte aus der Selbstklärung zwischen dem ICH und dem Alter-Ego erwartet. Der Therapeut kann nur unterstützen. Die einzuschlagenden Wege muss der Patient selber finden und gehen.

Wir und ihr

Menschen igeln sich diesseits oder jenseits der Mauer ein. In ihren ethnischen oder religiösen Denkburgen, in denen entschieden wird, wer dazu gehören darf und wer ausgeschlossen werden muss. Wir und ihr! Das Eigene zum Gesetz erklären und verherrlichen, das Fremde abwehren und herabsetzen.

Vögel sind klüger. Sie fliegen auf beiden Seiten der Mauer – so die Aussage in einem modernen Theaterstück.

Zirkuläre Darstellung

Die moderne Regie hat eine Darstellungsweise entwickelt, die als zirkuläres Sehen bezeichnet werden kann. Wann immer eine Person an den Rand des Geschehens tritt und in die Mitte schaut, wird dort gespielt, was als Film vor ihrem inneren Auge abläuft. Aus der Perspektive der anderen. Nicht chronologisch, sondern als Vernetzung der Ereignisse. Unabhängig davon, was zuerst und was hernach wann und wo geschehen ist. Rückblenden und Vorgriffe – vom Hier und Jetzt zum Dort und Damals und vom Aktuellen zum Dort und Dann. Harte Schnitt-Technik mit räumlichen und zeitlichen Sprüngen, die die Spannung aufrecht halten. Mit dieser Darstellung erreichen die Medien den Effekt, die Szenen an wechselnden Orten und zu verschiedenen Zeiten aneinander zu spiegeln.

Schluss

ICH-Schwäche. ICH-Stärke. Der Faschismus war *auch* eine kollektive ICH-Schwäche. Die Demokratie ist ohne gesellschaftliche ICH-Stärke nicht denkbar. ICH-Stärke in einem doppelten Sinne. Als Sachkompetenz mit Kenntnissen und Erkenntnissen, um einen Sachverhalt auf seine innere Relevanz überprüfen zu können, und als Urteilskraft und Fähigkeit zur Durchsetzung von Überzeugungen, die die äußere Relevanz begründen.

Die innere Relevanz gibt Auskunft über die Frage, ob die Struktur der Elemente eines Objekts sachlogisch stimmig ist, während die äußere Relevanz darüber entscheidet, ob dem Sachverhalt eine sozial-ethische und politisch-kulturelle Bedeutung zukommt.

Was machbar ist, muss nicht unbedingt sinnvoll sein, doch umgekehrt muss alles, was wünschenswert wäre, auch umgesetzt werden können. Über die innere Relevanz entscheidet die jeweilige Fachwissenschaft, über die äußere Relevanz der gesellschaftliche Diskurs.

ICH-Stärke ist die Fähigkeit des mündigen Menschen, sich in diesen Diskurs kompetent einzubringen.

Literatur

Adorno, Theodor W. (1972): Der Positivismusstreit in der deutschen Soziologie. Neuwied / Berlin (Luchterhand)

Auernheimer, Georg (2020): Identität und Identitätspolitik. Köln (PapyRossa)

Autorenkollektiv Wissenschaftspsychologie (1975): Materialistische Wissenschaft und Psychologie. Köln (Pahl-Rugenstein)

Bernhardt, Rüdiger (2009): Brecht – Das lyrische Werk. Hollfeld (Bange Verlag)

Braun, Karl-Heinz u. a. (1977): Studien zur Kritischen Psychologie. Köln (Pahl-Rugenstein)

Freud, Anna (1977): Das Ich und die Abwehrmechanismen. München (Kindler)

Freud, Sigmund (1923): Das Ich und das Es. In: Studienausgabe. Band III: Psychologie des Unbewußten. Frankfurt a. M. (Fischer)

Fromm, Erich (1972): Marx' Beitrag zur Wissenschaft vom Menschen. In: Marx und die Revolution. Frankfurt a. M. (Suhrkamp)

Habermas, Jürgen (1973): Erkenntnis und Interesse. Frankfurt a. M. (Suhrkamp)

Haug, Wolfgang Fritz (1983-1989): Kritisches Wörterbuch des Marxismus. Berlin/West (Argument)

Holzkamp, Klaus (1975): Sinnliche Erkenntnis. Frankfurt a. M. (Athenäum-Fischer)

Horkheimer, Max (1972): Traditionelle und kritische Theorie. Frankfurt a. M. (Fischer)

Jürgensen, Erwin (2013): Vorhang auf und Bühne frei – Das kritische Theater und die Krise des Publikums. Köln (PapyRossa)

Jürgensen, Erwin (2015): Der verschleierte Blick – Wie Menschen ihre Wirklichkeit verkennen – Eine Ideologiekritik. Köln (PapyRossa)

Jürgensen, Erwin (2017): Die Entschlüsselung der Wirklichkeit – Oder: Was hinter den Fakten steht. Köln (PapyRossa)

Krappmann, Lothar (2000): Soziologische Dimensionen der Identität. Stuttgart (Klett-Cotta)

Kühnl, Reinhard (1975): Formen bürgerlicher Herrschaft. Reinbek (Rowohlt)

Marx, Karl / Engels, Friedrich (1845/46): Thesen über Feuerbach / Die deutsche Ideologie. Werke 3. Berlin (Dietz)

Marx, Karl (1857/58): Grundrisse der Kritik der politischen Ökonomie. MEW 42. Berlin (Dietz)

Marx, Karl (1867): Das Kapital. Band I. MEW 23. Berlin (Dietz)

Sorg, Richard (2018): Dialektisch Denken. Köln (PapyRossa)

Stadler, Michael u. a. (1977): Psychologie der Wahrnehmung. München (Juventa)

Watzlawick, Paul (1991): Die Möglichkeit des Andersseins. Bern (Huber)

Bitte beachten Sie auch die folgenden Seiten.

Erwin Jürgensen

Die Fenster
des Denkens

Oder: Die Schärfung
des Bewusstseins

119 Seiten; € 9,90 [D]
ISBN 978-3-89438-684-9

Jürgensen beruft sich auf die Tätigkeitspsychologie der Kulturhistorischen Schule und definiert das Bewusstsein des Menschen als geistigen Regler im systemischen Regelkreis zwischen Innen- und Außenwelt. Wie werden das eigene Selbst
und die soziale Lebenswelt im Bewusstsein des Einzelnen
widergespiegelt? Wie muss der Bildungsprozess angelegt sein,
wenn er zur Aufklärung der sozialen Wirklichkeit beitragen soll?
Welche Bedeutung kommt dem kategorialen Denken zu, das
wissenschaftlichen Begriffen, Prinzipien und Gesetzmäßigkei-
ten verpflichtet ist? Dem Autor geht es um das Ziel, überhöhte
Selbstdarstellungen zu vermeiden, Vorurteile abzuwehren und
der Tendenz entgegenzutreten, Menschen anderer ethnischer
und soziokultureller Herkunft zu diskriminieren. Er veranschau-
licht die psychologischen Zusammenhänge mithilfe von Schau-
bildern und Beispielen aus der Alltagserfahrung, der Literatur
und des Theaters. Am Ende ein Lexikon der Schlüsselbegriffe,
das die Abhandlung zu einem kleinen Nachschlagewerk macht.

Georg Auernheimer

Identität und Identitätspolitik

**Basiswissen Politik/
Geschichte/Ökonomie**

126 Seiten; € 9,90 [D]
ISBN 978-3-89438-730-3

Identität ist heute eine psychologische wie politische Kategorie. Beides ist Thema des Buches. Psychologen und Soziologen werden vom Autor befragt, was Identität ausmacht. Konsens besteht darüber, dass sie eine moderne Anforderung an die Subjekte bezeichnet, die sich zur Gesellschaft ins Verhältnis setzen müssen. Den einzelnen wird ein Identitätsentwurf abverlangt, auch wenn unter neoliberalen Verhältnissen befristete Inszenierungen an die Stelle eines Lebensplans getreten sind. Die Identitätsarbeit wird manchen Bevölkerungsgruppen durch soziale Missachtung und Marginalisierung erschwert. Daher kämpfen Minderheiten um Anerkennung. Dieser Kampf, auch Identitätspolitik genannt, ist ein Thema des Buches. Ein weiteres sind die Identitätsangebote von Nationalstaat oder von fundamentalistischen und rechtsextremen Bewegungen, speziell der »Identitären«, die eine angebliche ethnokulturelle Identität der Deutschen oder Europäer bedroht sehen, was sie zur fanatischen Abwehr von Migrantinnen und Migranten veranlasst.